新疆维吾尔自治区自然科学基金资助项目：
生态文明视域下北疆牧区草地流转风险及影响机制研究（
新疆维吾尔自治区重点学科农林经济管理学科资助
新疆普通高等学校人文社会科学重点研究基地干旱区农村

经济管理学术文库·管理类

制度变迁下的生态减贫效应：
以草场流转为例

Eco-poverty Reduction Effect under Institutional Change:
A Case Study of Grassland Circulation

李先东　朱光辉　杨　倩／著

经济管理出版社
ECONOMY & MANAGEMENT PUBLISHING HOUSE

图书在版编目（CIP）数据

制度变迁下的生态减贫效应：以草场流转为例/李先东，朱光辉，杨倩著．—北京：经济管理出版社，2020.6

ISBN 978 - 7 - 5096 - 7182 - 5

Ⅰ.①制… Ⅱ.①李… ②朱… ③杨… Ⅲ.①扶贫—关系—草原保护—生态环境保护—研究—中国 Ⅳ.①F126 ②S812.6

中国版本图书馆 CIP 数据核字（2020）第 099670 号

组稿编辑：郭　飞
责任编辑：曹　靖　郭　飞
责任印制：黄章平
责任校对：董杉珊

出版发行：经济管理出版社
　　　　　（北京市海淀区北蜂窝 8 号中雅大厦 A 座 11 层　100038）
网　　址：www. E - mp. com. cn
电　　话：（010）51915602
印　　刷：北京玺诚印务有限公司
经　　销：新华书店
开　　本：720mm×1000mm/16
印　　张：11.5
字　　数：210 千字
版　　次：2020 年 6 月第 1 版　　2020 年 6 月第 1 次印刷
书　　号：ISBN 978 - 7 - 5096 - 7182 - 5
定　　价：78.00 元

前　言

　　草场经营制度的变迁、畜牧生产成本的上升以及生态保护政策的实施，致使传统草原畜牧业面临着经济发展与生态保护的双重考验。20 世纪 80 年代后期，牧区落实草畜双承包责任制，赋予了牧户独立的畜牧生产决策权，人为导致草场不断细碎化。随后，城乡人口流动限制的取消以及农村土地制度改革的深入，促使草场流转现象日趋频繁。草场流转显著区别于农地流转，后者是解决农地经营的规模化问题，而前者是改善草场的生态问题。本书的核心思路是：草场流转⇒生态改善⇒生态减贫。即：牧民通过草场流转能够实现小区域内的游牧，有助于延长草场生态的恢复时间，调整草场载畜率、降低草场压力，最终达到改善草场生态环境和增加牧民收入的效果。

　　本书以生态贫困理论、制度变迁理论与计划行为理论为基础，丰富了草场流转的内涵，进而采用新疆和内蒙古 14 个牧业旗县 427 户牧户的调研数据，从主观和客观方面比较牧民草场流转的生态减贫效应。首先，在客观分析上，从收入视角比较不同草场流转类型对牧民家庭收入的影响，以及对不同收入层级牧民收入影响的差异。其次，从生态视角出发，通过实证分析，论述草场流转对提高牧民收入、改善草场生态环境的影响和作用路径。最后，在主观分析上，从牧民感知视角出发，用收入增加效应和生态改善效应表征草场流转的生态减贫效应，有助于全面反映牧民对草场流转效应的主观感受。主要研究结论如下：

　　（1）在 427 份有效样本中，参与草场流转的样本有 120 份，未参与草场流转的样本有 307 份，分别占总样本比重的 28% 和 72%，表明调研样本的草场流转参与率略低于全国耕地 30% 的流转水平。具体而言，参与草场转出的样本为 50 份，参与草场转入的样本为 70 份，表明牧民转入草场的意愿更加强烈。

　　（2）牧民草场流转行为分析：分别从游牧变迁、社会分化以及社会保障、社会信任等维度，采用 Logit 模型探讨牧民草场流转意愿及影响因素差异。研究发现，从流转意愿来看，游牧方式变迁、游牧互助变迁以及牧业收入比重、牧业劳动力比重对草场转出意愿具有显著负向影响。从生态保护视角来看，社会保险感知、社会照顾感知对牧民参与减少牲畜、流转草场的意愿具有显著正向影响，对牧民参与延长圈养的意愿具有显著负向影响；制度信任对牧民参与减少牲畜、流转草场、延长圈养的意愿具有显著正向影响；人际信任对参与减少牲畜、流转草场的意愿具有显著正向影响，但对延长圈养的影响不显著。

（3）收入视角下草场流转的生态减贫效应分析：按照是否转出草场、是否转入草场的流转类型分类，采用 PSM 模型比较流转类型对牧民家庭收入的影响。同时采用分位数回归模型，深入比较草场流转对不同收入层级牧民家庭收入的影响差异。研究表明，草场流转有助于提高牧民家庭总收入，草场转出对牧民家庭收入结构的影响显著于草场转入的影响；草场流转对提高不同收入层级牧民收入具有显著差异，草场流转有拉大牧民收入差距的趋势。

（4）生态视角下草场流转的生态减贫效应分析：基于生态视角，探析草场压力在草场流转对家庭收入的中介作用中草场退化的调节效应。研究显示：草场流转能够显著提高牧民收入；草场压力完全中介草场流转对牧民家庭收入的正向影响；草场压力在草场流转对牧民家庭收入影响的中介作用中，草场退化的负向调节效应被遮掩。进一步探讨实证结果与机理分析的矛盾发现，牧民草场流转大多基于亲缘、地缘或政策引导等渠道。牧民碍于亲情或法律意识薄弱，对于生态退化的草场，很难从使用者手中获得赔偿。同时，政府有效监督的缺失，又导致违约成本下降，造成了草场退化仍能增加收入的现象。

（5）感知视角下草场流转的生态减贫效应分析：基于牧民对草场生态环境以及家庭收入的感知评价数据，采用 OLS 回归和 Ordered Logit 模型比较草场转出、草场转入牧民对生态减贫效应感知的差异。实证结果表明，草场转出仅对牧民收入增加效应感知具有显著正向影响；草场转入对牧民收入增加效应和生态改善效应感知均有显著的正向影响，且生态改善效应的感知程度更明显。牧民通过转入草场、扩大放牧草场，实现机械生产力或劳动力禀赋与草场规模的有效匹配，对增加收入、缓解草场生态压力具有重要意义。

结合研究结论，本书借鉴农地流转市场发展经验，从稳定牧民收入和保护草场生态两个方面，强调草场流转要兼顾生态安全，提出双重保障型草场市场化流转机制改革的思路，有效衔接草场流转与畜牧业的现代化发展。即：在不改变草场所有权、草场承包关系的基础上，实现草场准市场化的流转，以期完善草场资源管理，保障牧民草场流转后生计安全和生态安全，推动牧区经济社会的可持续发展。

目　录

第1章　导　论 …………………………………………………… 1

　1.1　研究背景 …………………………………………………… 1

　1.2　研究目的和意义 …………………………………………… 4

　1.3　国内外研究动态 …………………………………………… 6

　1.4　研究思路与研究路线 …………………………………… 15

　1.5　研究方法与数据资料 …………………………………… 18

　1.6　可能的创新之处 ………………………………………… 23

第2章　相关概念与理论基础 ………………………………… 25

　2.1　相关概念 ………………………………………………… 25

　2.2　理论基础 ………………………………………………… 27

　2.3　牧民草场流转的生态减贫机理分析 …………………… 32

　2.4　理论框架构建 …………………………………………… 34

　2.5　本章小结 ………………………………………………… 35

第3章　牧民草场流转的背景、现状与问题分析 …………… 36

　3.1　草场流转的背景 ………………………………………… 36

　3.2　调研区经济社会概况及中国草地资源分布 …………… 43

　3.3　调研样本的基本特征分析 ……………………………… 48

　3.4　牧民草场流转的现实问题 ……………………………… 54

　3.5　本章小结 ………………………………………………… 57

第4章　牧民草场流转行为分析 ················ 59

　4.1　引言 ·································· 59

　4.2　游牧变迁、社会分化对牧民草场流转的影响 ········ 60

　4.3　社会保障、社会信任对参与草场流转保护草场生态
　　　 的影响 ······························· 68

　4.4　牧户特征的影响 ······················· 78

　4.5　本章小结 ··························· 79

第5章　收入视角下草场流转的生态减贫效应分析 ······· 81

　5.1　引言 ·································· 81

　5.2　收入视角下草场流转对生态减贫的机理分析 ······· 83

　5.3　研究框架与模型构建 ···················· 85

　5.4　模型估计结果与分析 ···················· 90

　5.5　本章小结 ··························· 97

第6章　生态视角下草场流转的生态减贫效应分析 ······· 98

　6.1　引言 ·································· 98

　6.2　生态视角下草场流转的生态减贫机制分析 ········ 100

　6.3　研究框架与模型构建 ··················· 102

　6.4　模型估计结果与分析 ··················· 106

　6.5　本章小结 ·························· 111

第7章　感知视角下草场流转的生态减贫效应分析 ······ 112

　7.1　引言 ································· 112

　7.2　研究机理与研究框架 ··················· 113

　7.3　模型构建与变量选取 ··················· 115

　7.4　模型估计结果与分析 ··················· 118

　7.5　本章小结 ·························· 125

第8章　牧民草场流转的潜在风险识别与解析 ········ 126

　8.1　引言 ································· 126

8.2　概念界定与作用机理　……………………………………… 127

8.3　草场流转风险类别及特征分析　……………………………… 130

8.4　草场流转风险评价与防控　…………………………………… 135

8.5　本章小结　……………………………………………………… 139

第9章　草场流转的生态减贫效应提升机制分析　…………………… 141

9.1　引言　…………………………………………………………… 141

9.2　土地经营制度改革与农民生计保障　………………………… 142

9.3　草地经营制度改革与牧民生计保障　………………………… 145

9.4　双重保障型草场市场流转机制框架构想　…………………… 146

9.5　本章小结　……………………………………………………… 150

第10章　研究结论及展望　…………………………………………… 151

10.1　研究结论　…………………………………………………… 151

10.2　政策建议　…………………………………………………… 154

10.3　研究展望　…………………………………………………… 157

参考文献　…………………………………………………………… 159

第1章 导 论

1.1 研究背景

1.1.1 土地流转是深化土地制度改革的重要途径

探索土地制度改革、促进土地流转、增加农民收入，是新时期围绕农村土地制度改革的热点。继 2015 年十二届全国人大常委会第十三次会议，审议国务院关于提请审议《关于授权国务院在北京市大兴区等 33 个试点县（市、区）行政区域暂时调整实施有关法律规定的决定（草案）》的议案[①]，2017 年，农业部会同中央农办选择 100 个改革基础较好的县（市、区）作为新一轮农村集体产权制度改革试点单位（陈丽平，2015）。现有 33 个试点行政区均匀分布在农村土地制度改革地区，并进行忽略草地产权制度改革试点的探索。草原畜牧经济与农地耕作经济的经营方式存在显著差异，很难把农地制度改革经验简单地移植到草地制度改革上面。

目前，草原畜牧业大多继承原始粗犷型的畜牧生产方式，局部区域形成农耕与畜牧并行的混合型农业生产方式。经历数次土地制度改革后，草场[②]也实行家庭联产承包责任制的改革，牧民同农民一样以家庭为单位分别承包草地、农地。经过三十多年的发展，农地暴露出的细碎化现象已成为制约农业现代化、规模化

---

① http：//news. xinhuanet. com/house/cs/2015 - 02 - 26/c_ 1114434777. htm。
② 草原或草场的表述受学术界研究和政府政策文件中表述影响的差异，书中出现的草场或草地也仅是不同政策场景的习惯性称呼，其本质上仍是指用于畜牧业生产经营的草原。

发展的主要因素。同样，草原也面临更加严重的细碎化问题。与农地耕作不同的是，畜牧经济对草地所有权确权的刚性要弱于农地。现实环境中，没有一个单独的牧场是有价值的，除非使用它的人可以随时转移到另一块牧场，因为没有一块牧场能够承担长时期的放牧。这也是牧民对移动权的依赖性高于定居权的关键原因之一，这里牧民的移动权实质上是对牧场"所有权"的表征，也是造成现实放牧生产行为边界模糊的主要因素。毋庸置疑，草原规模化、现代化是未来畜牧业的发展趋势，草原确权后造成的草原细碎化现象进一步加重，对现代畜牧业发展的制约日益凸显。因人口的快速增长导致牧民循环移动的游牧区间一再缩小，而通过草场流转配置草场资源成为推进畜牧业发展的重要途径之一。

1.1.2 草场流转是优化资源配置、缓解生态压力的有效举措

草原在我国陆地生态系统中占据重要地位，草原生态的可持续发展深受重视。我国草原面积占陆地面积的41.7%，且大多位于中国边疆少数民族聚居的生态脆弱区。自2007年党的十七大报告首次提出生态文明建设以来，国务院、农业农村部等各部门出台了一系列促进生态文明建设的方针政策，尤其是近年来在"十二五"规划"十三五"规划以及历年中央一号文件中均强调在生态脆弱地区，需要有计划、分步骤地实施退耕还林、还草，加快林果业和畜牧业转型升级，实现经济增长的同时更要改善生态环境。近年来，国家不断增加草原生态治理投入，草地生态退化速度暂时得到了控制，但草原退化、沙漠化以及生态系统中生产者、消费者、分解者构成的草地生态系统功能仍需很长一段时间才能有效恢复（吕桂芬等，1997）。草原生态贫困的传统治理方式，强调的是整个生态系统环境的生物指标和物理指标，草原生态环境资源的利用方式以及资源开发权利、规则等制度因素则相对被忽视。无论是哈丁于1968年提出的"公地悲剧"，还是奥斯特罗姆（Elinor Ostrom）所专注的公共池塘资源中个人与集体行动博弈的研究，均体现出制度安排对公共资源可持续发展起着决定性作用。尤其以奥斯特罗姆夫妇（Vincent Ostrom and Elinor Ostrom）为核心所提出的多中心治理理论，为我国草地资源创新管理提供了夯实的理论基础。越来越多的研究指出，草场流转在优化资源配置、改善草场生态环境中发挥着重要作用（赖玉珮等，2010；胡振通等，2014）。

1.1.3 草场流转是生态减贫的新途径

国家聚焦解决"三农"问题，落实精准扶贫政策提高牧民可持续生计，是

新时期全面建成小康社会的关键。统计数据显示，"十二五"前4年我国累计减贫5221万人，年均减贫1000余万人。从分布看，贫困人口多分布于边远地区的少数民族聚居区。目前牧民草场流转正朝着两极分化的态势发展，给边疆社会的稳定带来巨大威胁（张引弟等，2010）。

牧区针对少数民族的精准扶贫工作也更加复杂，如面临恶劣的自然条件、灾害频发，而牧民的畜牧生产方式单一，加之偏低的文化素质致使其抗灾减灾能力有限。牧民单一的畜牧生产经营方式，缺少稳定的财产性收入，也是造成牧民贫困的主要因素之一。牧民草场承包细碎化问题突出，草场使用强度增加，制约畜牧业规模化、现代化发展的同时，严重阻碍了牧民收入的提高和生活质量的改善，对草原生态保护带来的负面影响也日益凸显（敖仁其，2003；王晓毅，2009）。实践表明，草场承包到户使放牧草场面积锐减，难以维持传统游牧生产。牧民为维持生计，不得不增加牧场使用强度，导致部分地区的草场加速退化、沙化。另外，在人均牧场面积较小的地区，草场产权的模糊致使排他性被弱化，出现草场共同使用的"公地悲剧"，严重破坏了草原生态的可持续性（敖仁其，2003）。

草场承包确权后，利用市场配置资源的优势推动草场流转，被认为是解决草畜矛盾、提高牧民生计的有效途径（赖玉珮等，2012）。从目前草场流转实践情况看，草场流转能协调牧民草场需求与供给之间的矛盾，也有利于缓解草场整体的放牧压力。但也带来另一方面的问题，被流转草场过度利用，贫困户无法转业以至于生计水平难以提高，继而出现明显的贫富两极分化现象（赖玉珮等，2012；李先东等，2019）。在当前草场流转过程中，缺少稳定的社会保障和草场生态监管制度，导致牧民生计尚不稳定、草场质量出现不同程度退化。有学者认为，造成农民（牧民）贫困的原因，除了农民自身生产经营行为的影响外，初始财富分配制度也是造成农民贫困的主要因素。20世纪80年代推行草场承包制度之初，多数优质的草场与牲畜资源流向当地权势牧民家庭，大部分劣质草场和牲畜资源则流向一般牧民家庭。草场与牲畜承包分配制度是社会底层牧民持续贫困的制度因素，制约牧民可持续生计的同时草场出现了不同程度的退化现象。2016年，中办、国办下发《关于完善农村土地所有权承包权经营权分置办法的意见》，为解决草场制度缺陷提供了契机。"三权分置"从当前实际出发，稳定农村土地承包关系，放活经营权，明晰赋予经营权应有的法律地位和权能，为丰富土地制度改革提供了有力政策支持。

1.2 研究目的和意义

1.2.1 研究目的

本书核心目的是通过分析牧民草场流转决策的内在机理及其生态减贫效应的差异，探析草场流转衔接传统小规模牧民与现代规模化畜牧业生产的有效途径。为完成研究核心目的，依据研究设计拆分为以下3个目的：

（1）基于新疆和内蒙古牧民的问卷调研数据，从多个维度分析牧民草场流转意愿和决策的影响机理。结合微观实证分析，利用 Binary Logit 模型、多分类 Logit 模型分别阐述游牧变迁、分化程度以及保障感知、社会信任对牧民草场流转意愿、流转决策的影响机制。

（2）基于制度变迁理论与生态贫困理论，从牧民家庭收入和收入结构变化比较草场流转的增收减贫效应（收入视角）；从草场压力指数和草场生态改善两个方面比较草场流转的生态减贫效应（生态视角）；同时采用牧民调研数据，从收入和生态两个方面对牧民草场流转的生态减贫效应进行比较（牧民感知视角）。

（3）从历史角度来看，运用文献分析法和归纳演绎法追溯中国土地制度变迁轨迹，基于牧民生计、生态保护的责任分配视角，完善草场承包经营制度改革。即从精准扶贫、组织管理等方面，保障牧民权益、促进畜牧业现代化、规模化发展、改善草原生态环境，提出双重保障型草场市场化改革的思路，提升草场流转的生态减贫效应。

1.2.2 研究意义

1.2.2.1 理论意义

草场流转被认为是通过市场机制优化资源配置的有效方式之一，对草原畜牧业的发展具有重要意义。本书拟从牧民生计和草场生态保护方面阐述草场流转的经济效应和生态效应，对进一步推进草场流转市场建设的理论意义在于：

（1）探析传统牧民与现代畜牧业发展的有效衔接机制。基于草场流转的生态减贫效应的实证分析，阐释草场流转对提高牧民收入、改善草场生态环境的影响和作用路径，并从草场流转监管、草场生态保护完善草原承包经营制度改革，为有效衔接草原畜牧业发展与生态保护、落实牧区振兴战略提供经验借鉴。

（2）基于收入、生态和感知视角，阐释草场流转的生态减贫效应机制。针对草场流转的生态减贫效应的考察，一方面基于收入视角，通过 PSM 模型和分位数回归模型论述草场流转对牧民家庭收入的影响以及对不同收入层级牧民家庭收入的影响差异。另一方面基于生态视角，从经济效益和生态效益指标衡量草场流转效应，探索草场流转⇒生态改善⇒收入增加⇒生态减贫的影响路径。

（3）基于生计保障和生态保障，提出草场市场化流转的改革思路。完善草原承包经营制度改革，结合草场流转建立多重保障机制促进牧区可持续发展。从牧民草场流转的决策机制及其生态减贫差异程度，研究草原产权制度改革中牧民的权责制度安排，并以草场经营权市场化改革为切入点，提出建立双重保障型草场制度改革的创新思路。从理论和实践两方面落实牧区乡村战略，为政府建立具有推广性的草原承包经营制度提供政策建议和参考方案。

1.2.2.2　现实意义

草原生态保护与牧民生计发展是草原畜牧业管理的中心议题（王晓毅，2009）。显然，一切依赖草原资源的产业势必面临如何协调经济发展与生态保护的矛盾。以草场流转为核心激发牧民畜牧生产经营方式创新，扩展牧民收入渠道，是对新时期推进生态扶贫，促进扶贫开发与生态保护相协调的理论尝试，也是对 2019 年中央一号文件提出完善草原承包经营制度的有益实践。

（1）牧民草场流转决策的参与机制分析。本书运用多分类 Logit 模型，从保障感知、社会信任等维度阐述牧民草场流转（转入、转出）决策的影响因素，有助于促进草场流转、规范流转市场管理。

（2）牧民生计、草场生态和保障感知是完善草场市场化建设的基础。本书运用 PSM 模型和分位数回归模型，从牧民家庭收入和草场生态压力变化比较草场流转的生态减贫效应差异，对客观认知草场流转的收入效益、生态效益具有重要意义，也是落实生态扶贫、优化资源配置、有效衔接牧民生计稳定与草原生态保护的具体实践。

（3）针对牧区持续调研观察，有助于深入了解牧区经济发展，推进可持续发展。尝试建立牧民家庭生活固定观测点，持续关注牧区草场流转管理以及经济社会的发展，奠定后续研究基础，以期为牧区各级政府科学决策和生态贫困监测提供数据支持，引导牧民从可持续生计的视角做出行为决策，降低牧民短期趋利行为的发生概率，促进牧民增收、牧区稳定与畜牧业的协调发展。

1.3 国内外研究动态

1.3.1 草原承包经营制度改革与牧民草场流转

1.3.1.1 土地（草场）经营制度改革与农户土地流转

草场承包经营制度基本是土地承包经营制度的延伸，回顾农户土地流转与土地承包经营制度改革，有助于深刻理解牧民草场流转行为。土地经营制度改革首先离不开对土地所有权的争论，从夏朝到清朝近四千年[①]的历史中，土地制度大致经历了氏族公社土地所有制、奴隶主土地所有制和封建土地所有制三种基本形式（中国大百科全书，1990；苏德永，1995）。针对中国土地承包经营制度的改革，学术界存在多种观点。

一种观点是主张土地实行国家所有制（国务院农研中心实验区办公室，1989），认为土地集体所有中"集体"的具体归属模糊，因缺少所有权的客体很难实现产权的排他性，忽视土地产权的所有制，而针对土地使用权或承包权的土地制度改革也不是长久之计（曾详炎，2006；李继刚，2010）。一部分学者参考发达国家土地私有制度发展经验，认为土地应该向私有制改革（肖屹等，2009；高佳、李世平，2015；盖尔·约翰逊，2004），赋予农民土地所有权，在产权明晰情况下，能增加农民对土地的投资，从而推动农业的长久发展（文贯中，2008）。还有一种观点是主张混合所有制，先将土地集体所有权的价值和可获得性收益进行科学评估，再转化为资本市场可流通的货币形式（韩冰华，2004），按照51%和49%的比例在集体和农民之间进行分配、市场化流转，即以集体土地所有权为主，非集体所有权为辅（李录堂，2014）。从中国农村土地生产经营的实践看，土地流转屡见不鲜，由此引发的经济社会问题倍受政府、学者等各界关注。

土地流转被认为是发展现代农业规模化经营的前提，政府行为和金融支持是土地流转成败的关键。实践表明，相对于土地所有权归属国家或集体而言，农民

---

① 根据《新编中国历史大事年表》与《中国帝王名录》中认定的夏朝（公元前2070年）距清朝结束（1911年）期间约为4000年。

更加关注土地承包经营权的归属问题（张红宇，2002），土地承包经营权流转更受到农民的青睐。针对土地流转的市场化制度改革，黄祖辉认为当下土地流转方式的多元化、土地流转过程的市场化、土地流转工作的规范化、土地流转价格的合理化是土地流转市场化改革的破冰点（黄祖辉、王明，2008）。同时土地"三权分置"将所有权、承包权和经营权分离，并赋予承包权"长久不变"，如此一来，为保护农民既得利益、实现"人、地"和谐持续发展提供了制度保障。

1.3.1.2 草场经营制度改革与牧民草场流转

牧民草场流转的出现相对滞后于农户农地流转、草场经营制度的变迁，奠定了牧民草场流转行为发生的历史背景。牧区经营制度从1949年至今经历过3次重大调整，尤其是1984年推行的草畜双承包制度，形成以牧户家庭承包为核心的畜牧经营制度。草畜按人分割到户激发了牧民生产积极性的同时，草场细碎化、超载过牧也造成了草场承载力和生态环境不同程度的退化。牧民为维持生计，开始进城寻找替代生计，并选择转出草场。尤其是近十年来，大到西部开发战略、"一带一路"倡议和退耕还林、还草，小到精准扶贫、生态奖补等推动经济社会发展政策的实施，都促使牧民城乡流动日益频繁，生计方式丰富多样化，草场流转发生率不断提升。目前，关于草场经营制度改革的研究体系仍处于发展阶段，学者的研究多集中在草场的产权形式、草场管理以及产权制度与草场退化关系的研究，而关于草场经营制度改革与草场流转的研究鲜有涉足。草场产权制度是发展草原畜牧业、振兴牧区经济以及推动草原生态保护的有力着手点，探索既不影响牧民生计，又能维护草场良好生态环境的草场产权改革成为各界研究的焦点。

草场的"公地"特征显著，一个明晰的产权安排被认为是防患"公地悲剧"问题的关键（阳晓伟等，2016）。我国的《宪法》和《草原法》在草场所有权的界定与农地均存在一定模糊性（王晓丽，2004），草原属于国家所有，由法律规定属于集体所有的除外。国家所有的草原，由国务院代表国家行使所有权。集体所有的草原或者国家所有并依法确定给集体经济组织使用的草原，可以由本集体经济组织内的家庭或者联户承包经营（代琴、杨红，2019）。有学者认为产权不明晰（额尔敦扎布，2008），产权主体的行为错位（高雷、张陆彪，2012）是现阶段诱致草场退化的主要制度因素。进而提出通过界定草场产权能有效控制过度放牧（赵成章等，2005）、遏制草场退化（王晓丽，2004），完善产权制度对草场资源保护具有巨大作用。此外也有学者的研究指出，随着畜牧业生产要素的价格变动和技术进步，草场经营权流转形成农村资源的重新配置，会对牧民生计带来显著影响（张引弟等，2010），因而，完善草场流转机制成为稳定畜牧业发展的重要方面（廖祖君，2009）。

相比之下，牧区应该结合畜牧业的特殊性，从草场流转、合作经营展开草场制度改革的尝试。陈秋红（2011）详细评析内蒙古呼伦贝尔市一个资源禀赋和经济发展相对较差的嘎查，通过基层自发的、由社区主导的草场共管（共同放牧管理）实现牧业经济快速发展的同时改善草场状况，而资源禀赋和经济发展较好的嘎查由于管理缺失，出现逆行演替，草场生产力、经济潜力和生态服务性能下降或丧失（陈秋红，2011）。青海省2008年进行大胆尝试，将草场和牲畜折算入股，形成由集体统一经营、用工按劳取酬、收益按股分配的股份制合作经营模式，通过强化集体收益配置制度、社会救助以及社会保障等管理，调动农牧民生产积极性，并取得显著的经济效益、社会效益和生态效益。大部分学者认为，社区主导型的草场共管模式和牧民联户合作模式，在降低生产风险、提高经营效率以及生态保护等方面确实能够起到积极作用，但对社区组织管理者的要求较高，牧民的契约意识、合作意识直接决定着社区共管模式的成败（张引弟等，2010；陈秋红，2011）。部分牧区基层为破解草场细碎化问题，以草场流转为纽带开展了农村集体产权股份合作制改革。如内蒙古阿荣旗按照资源定权、资产定股、经营定向、农民定心的"四定"模式，建立土地承包管理信息平台，推动草场市场化流转。

1.3.2 牧民草场流转的影响因素

1.3.2.1 土地流转与草场流转的流转形式比较

通过中国知网对"草场（草原、草地）流转""土地流转"的文献检索显示，学界对土地流转案例、影响因素的研究相对丰富，对完善牧区草场经营制度具有较强的借鉴意义。从流转形式看，三权分置的提出将土地所有权、承包权和经营权的分离，给土地流转提供了政策支持，也给土地经营制度向多元化创新奠定了基础保障（黄祖辉等，2010）。通过全国各地土地市场化改革经验看，以转包进行土地流转占到总流转面积的47.14%，以互换、出租进行土地承包经营权流转占到总流转面积的40.44%，以股份合作进行土地流转占总流转面积的10.82%，其他形式占到总流转面积的1.6%（国家统计局，2016）。农户之间的互换、转包和出租仍是土地流转的主要方式，大多数农户（87.58%）仍未选择股份合作的土地流转，依旧采取自我经营的方式发展生计。土地股份合作能够吸引农户参与的主要因素，是向参与主体提供相对稳定的收入保障或者相对丰富的社会服务保障，与牧区草场经营制度的创新具有较高相似性。据谭淑豪等（2018）调研显示，呼伦贝尔市和锡林郭勒盟草场流转发生率已经达到47%。关于新疆草场流转的数据尚未有公开的统计资料，但据2017～2018年笔者调研样本显示，新疆牧区的草场流转率达到27.2%。针对草场细碎化现象，学者指出传统草原游牧的生产方式被打破，牧民普遍面临生产成本增加和草场退化等问题（王晓毅，2009；杨理，2011；刘红霞，2016）。牧区政府与基层组织分别尝试通过发展畜牧合作社、联户合作经营以及社区共营、草场流转等方式，试图降低细碎化对规模化草原畜牧业的发展阻力（王晓毅，2009；赖玉珮等，2012；杨理，2007；余露等，2011）。实践表明与其他方式相比，草场流转不需要相对复杂的法规合同、村规民约，因操作灵活、经营自由而受到市场青睐。

1.3.2.2 草场流转影响因素比较

从流转影响因素看，随着草场流转发生率的不断上升和所引起社会问题的日益凸显，因此引起了政府、学者的高度关注。马倩（2003）对青海省草场流转的调研显示，2002年青海省草场流转面积约占全省面积的2.35%。张引弟（2008）对内蒙古的统计表明，巴彦淖尔市草场流转是30.59万公顷，流转牧户1222户约占全市的7.5%。谭仲春、谭淑豪（2018）的调研显示，呼伦贝尔市和锡林郭勒盟的草场流转发生率是47%，预测未来牧民草场流转的发生率仍将进一步提高。牧民进城务工，引起牧民家庭收入结构和劳动力结构逐渐呈现出明显的分化特征，牧民转出草场的频率有所提高，但仍处于较低水平。与此同时，笔者调研发现，有超过60%离开草原进城务工的牧民没有转出草场的意愿，而留守草原、经营畜牧的牧民有意向转出草场的比例约为30%。关于草场流转的影响因素基本是农地流转研究思路的延伸，多数学者的研究表明，牧民的性别、年龄、受教育年限对草场流转呈现出不同程度的影响（马倩，2003；青照日格图等，2007）。

在农地的研究中，许恒周（2012）认为农民已经出现了不同阶层的分化，不同阶层农民对农地流转的认识也存在差异，并对农地流转率有显著影响。在牧区随着牧民定居工程的落实，牧民进城务工、创业以及子女进城上学等现象日趋普遍。牧户出现不同程度的分化，进而对牧民草场流转产生不同程度影响（蒲小鹏、师尚礼，2009）。现有研究虽未直接提及牧民分化对草场流转的影响，但实际采用牧民收入结构的指标分析便是出于牧民分化视角的考虑。薛凤蕊、乔光华等（2010）在控制性别、年龄、自然禀赋的基础上，认为政策、收入结构对牧民草场流转的影响显著。除政策和收入结构外，学者们认为劳动力资源也是显著影响农地流转的因素。但从草场流转的研究来看，关于牧民家庭从事畜牧经营的劳动力人数的影响关注不够。伊力奇、张裕凤等（2014）仅论述了牧民家庭劳动力数量、年龄结构和生产分工等状况，未对草场流转进行分析。刘博等（2017，2018）将家庭可用劳动力数量作为控制变量分析社会资本对草场租入价格的影响，未对草场转出的影响展开分析。

走访调研显示牧民呈现不同程度的分化，但对草原和草原生活表现出深厚的情结，选择转出草场的意愿仍较低。费孝通曾指出中国农民对土地的深厚情结，导致即便农民"离地离乡"仍不愿意流转土地，这也是农村土地长期处于低流转水平的主要原因（钱文荣，2002）。牧民同农民一样在草原放牧、繁衍生息，有着悠久的历史文化，并形成与农民迥异的社会文化，也是牧民不愿意流转草场的主要因素之一（张立中，2011）。根据 Hager（2006）、Chi 等（2013）、Bhagwat 等（2014）和 Briones Alonso 等（2017）从性别、宗教信仰、文化习俗和家庭决策权对越南、印度、肯尼亚、埃塞俄比亚等国家土地租赁市场的研究，也基本论证了各民族宗教文化对土地租赁、土地利用和生态保护具有不同程度的影响（Bhagwat，Nogué，Willis，2014）。还有学者认为生态约束（张正河、张晓敏，2015）、社会保障（王杰、句芳，2015）和流转收益预期（张美艳等，2017）对牧民草场流转具有显著影响，由于学者的侧重点和研究区域的差异，对影响草场流转的因素测定诚然也表现出不同特征。从民族文化视角来看，对牧民草场流转影响的研究还未引起学界重视。大量学者已经认识到草场流转在实现资源配置、发展适度规模经营和草原生态保护等方面能够发挥重要作用，也有助于推动畜牧业生产分工的演进、丰富牧民生计可选择性、提高农民收入和生活质量（青照日格图等，2007；蒲小鹏、师尚礼，2009；张立中，2011；许恒周等，2012；伊力奇等，2014；刘博、谭淑豪，2018）。

驱动牧民草场流转的因素，既有个体特征和家庭特征因素的影响，也有外部政策驱动和利益驱动因素的影响，尽管部分研究中也提到牧民游牧变迁对草场流转的影响，但未给予足够重视。新疆和内蒙古的实际调研发现，牧区多是以蒙古族、哈萨克族、塔吉克族为主的少数民族聚居区，拥有悠久的游牧生活历史，牧民对草原和草原生活拥有浓厚的"念土情结"，对待草场转出十分慎重。从 2008年以来，国家牧民定居工程实施后，牧民传统游牧生产逐渐发生演变，定居与半游牧已成为草原畜牧业的主要生产方式，草场流转频率也在不断增加。笔者认为牧区草场流转正处于发展的关键阶段，研究影响牧民转出草场的意愿相比对转入草场的意愿更有助于推动草场流转、实现草原畜牧业的适度规模经营。为此，本书使用游牧变迁表征牧民生产方式演变以及游牧生产互助传统变化对草场流转的影响，同时纳入牧民收入结构、劳动力配置结构表征牧民分化对草场流转的影响。

1.3.2.3　流转典型案例比较

从土地流转典型案例方面看，诸如广东南海市、江苏昆山市、山东宁阳县以及四川崇州市、重庆市石堰镇等推行的土地股份合作社，把集体财产、土地和农民承包权折合资本入股，依据股权设置实行股权管理（张曙光，2007；王小映，2003）。重庆"地票交易"、成都温江区、天津滨海新区、浙江嘉兴市"两分两换"等模式，农民转出土地承包经营权、宅基地使用权，获得城镇住房和社会保障，既缓解了城镇建设用地的压力，又能够提高农民收入和城镇化率，对发展经济具有显著带动作用。2016 年，陕西蓝田县实施农地产权比例化市场流转的土地改革，在不改变土地承包关系的基础上，集体和农民按照 51∶49 的比例分配土地流转收益，随后集体按 1∶1 的比例资金进行配套，建立农民社会保障体系（李录堂，2014），也取得了显著成效。

草场生态安全、牧民生计保障，是完善草场流转市场建设、实现畜牧业现代化发展的两块基石。如何针对畜牧业经营特征和相对落后的经济基础，健全草场流转市场，也是落实乡村振兴战略的有效途径之一。从新疆、内蒙古和青海等牧区基于土（草）地股份合作的经营制度创新来看，在发展畜牧经济、保护草场生态环境起到了一定作用。但从具体实践看，草场股份化合作经营给予牧民的社会保障和草场生态的保护全部由合作经济组织承担，弱化甚至忽视了牧民应当承担的责任。同样基于草场股份化合作的思路，也要把社会保障、生态保护的"股份化"概念落实到每个成员身上。鉴于此，本书认同多数学者的观点，草场经营制度改革应坚持公有制为基础，兼顾市场效率（于中流等，1996），从产权制度、激励机制创新推动草原可持续发展（陈秋红，2011）。同时，本书借鉴陕西董岭村"产权比例化"的土地市场化改革实践，强调流转双方的草场生态保护责任，既保障转出方草场牧民的生计稳定，又能保障转入方草场畜牧业长期规模化经营，进而实现畜牧业的可持续发展。

1.3.3　牧民草场流转与生态减贫效应

1.3.3.1　草场流转对生态减贫影响的收入效应分析

20 世纪 80 年代后期，牧区施行草畜双承包的经营制度，赋予了牧民发展草原畜牧业更大决策权，同时伴随经济社会的快速发展和国家生态管理政策的出台，导致牧民城乡流动加剧、生计方式不断丰富多样化，奠定了草场流转的背景。2016 年 10 月，中共中央办公厅、国务院办公厅印发《关于完善农村土地所有权承包权经营权分置办法的意见》，完善了农村土地所有权、承包权、经营权分置，推动了农村土地流转，优化了土地资源配置，促进了农业适度规模经营①。学界对草场流转的研究，更多的研究从牧民流转意愿（张引弟等，2010；薛凤森等，2010；李静等，2018）、影响因素（薛凤森等，2010；谭淑豪等，2018；史雨星等，2018）以及对牧民收入的影响（张引弟等，2010；赖玉珮等，2012）等视角出发，探索促进草场流转、畜牧业规模化发展的路径。

针对草场流转市场兴起引发的问题，部分学者从完善草场流转机制、规范流转管理探讨了未来草场资源管理的重点方面（余露等，2011；李启芳等，2016）。期间，关于草场流转与牧民生计发展的争论尤为激烈，张引弟等（2010）对内蒙古草场流转牧民收入的统计显示，草场转入方因扩大养殖规模而提高了收入，草场转出方在获得流转费基础上，通过打工或从事二三产业也能提高收入，张美艳等（2017）的研究也得出类似的结论。对此，有学者并不完全认同这一观点。全志辉（2008）认为草场流转有助于协调草场资源的配置、提高牧民收入，同时可能产生牧民贫富差距加剧的新问题，但是缺少针对这一影响机制的系统论证。赖玉珮等（2012）通过比较草场流转前后牧民的成本收益，指出草场流转对提高牧民收入具有一定作用，但对贫困户而言，由于无法实行稳定的产业转移，导致难以从根本上改善生计，贫富分化有加剧的趋势。也有学者从配置效率视角出发，探讨了草场流转对牧户效率、生计的影响。谭仲春、谭淑豪（2018）从资源平衡效应、能力效应和综合效应，深入剖析了草场流转与牧户效率、资源配置的复杂影响机制，指出牧民通过转入草场，有效匹配家庭剩余劳动力、生产力对牧户效率、生计产生显著影响。

结合以上分析，为解析草场流转对牧民收入的影响效应，首先，对牧民家庭收入结构进行界定；其次，按照是否转出草场、是否转入草场的分类，比较草场流转对牧民家庭收入结构的影响特征；最后，利用牧民收入分位数回归模型，比较草场流转对不同收入层级牧民收入结构的影响。对牧民收入界定，主要采用总收入、牧业收入和非牧业收入刻画草场流转对牧民家庭收入结构的影响。牧业收入主要由家庭经营畜牧业的收入、国家草原生态补偿收入以及参与草场流转的流转费用收入等构成，非牧业收入主要由打工或从事二三产业收入构成，如经营牧

---

① http：//www. gov. cn/xinwen/2016 - 10/30/content_ 5126200. htm。

家乐、个体经销、倒卖牲畜等获得的经营收入。此外，为更加深入分析草场流转对不同收入层级牧民家庭收入的影响，根据分位数回归模型的研究范式，将牧民收入按照 1/10，3/10、5/10、7/10 和 9/10 分位点进行划分，论述草场流转对低收入层级、中低收入层级、中等收入层级、中高收入层级和高收入层级牧民家庭收入的影响。

1.3.3.2　草场流转对生态减贫影响的生态效应分析

20 世纪 90 年代，全国主要牧区陆续实施草畜双承包的经营制度，初期在提高牧民劳动积极性、解放牧区生产力以及推动畜牧业发展方面起到了重要作用（刘红霞，2016；史雨星等，2018）。经过近 30 年的发展，草场细碎化、生态功能退化的问题日益突出，在阻碍草原畜牧业现代化发展的同时，也对国家生态安全战略构成了威胁（陈洁等，2003；王晓毅，2009）。近年来的多数研究结果显示，草场流转对提高牧民收入具有积极作用。王晓毅（2009）认为草场以市场价格流转，对于保护草原和增加牧民收入具有积极意义。张引弟等（2010）对锡林郭勒盟阿巴嘎旗 30 户牧户畜牧生产资料的分析显示，转入草场的牧民因草场面积的扩大，畜产品（羊羔肉、羊绒、羊奶）产出的增加，也显著提高了家庭收入。张美艳等（2019）基于内蒙古锡林郭勒盟 209 份牧民样本的实证分析显示，草场流转牧户比未流转牧户的家庭人均收入高出 52.4%。同时部分学者的研究认为，草场流转能够部分缓解草场放牧压力、提高牧民收入，但无法改善贫困户的生计困境，并加剧了贫富分化现象（赖玉珮等，2012）。即草场流转对流转主体的影响程度存在差异。谭仲春等（2018）研究指出相对于未参与草场流转的牧户而言，参与草场流转能够显著提高牧户技术效率，进而影响到家庭收入。

与之相形见绌的是，关于草场流转对草原生态保护的研究，较为缺乏且多以定性分析为主。王晓毅（2009）曾明确指出，草场流转价格的市场化能够提高所有者保护草原的积极性，但并未对内在影响机理展开深入论述。类似结论偶尔也在刘建利（2008）、余露等（2011）的研究中略微提及。赖玉珮等（2012）对内蒙古新巴尔虎右旗一个牧业嘎查（村）61 户牧户的调研指出，牧民对流转草场的放牧压力关注较少，且缺乏有效监督，因而改善草场生态的效应不显著。在进一步的研究中，胡振通等（2014）基于 209 户牧户的调研数据，通过构建草场面积与牲畜数量的家庭生产函数实证研究显示，租入草场面积越多的牧户，其载畜率越高，草场放牧压力越小，进而认为草场流转有助于草原生态保护。遗憾的是，并未继续讨论对牧民收入的影响效应。根据现有文献的研究思路发现，草场流转有助于协调草场资源的配置，提高牧民收入和缓解草场生态压力，似乎能够有效地衔接草原生态保护与畜牧业可持续发展，但鲜有研究对此命题的影响机制展开探讨。

结合以上关于草场流转对草场压力、牧民收入的影响机制分析，本书拟基于已有的研究逻辑，纳入经济效益和生态效益指标来衡量草场流转效应，探索草场流转⇒生态改善⇒收入增加⇒生态减贫的逻辑关系，试图通过实证分析论述草场流转对提高牧民收入、改善草场生态环境的影响机制和作用路径，为有效衔接草原畜牧业发展与生态保护、落实牧区振兴战略，提供一定的借鉴和启示。

1.3.4　文献评述

通过梳理已有研究，发现政府和研究学者对草场和牧民的关注程度日益加强，由于研究起步较晚，现有研究有待深入。对相关研究文献的评述如下所示：

（1）针对土地（草场）承包经营制度对土地（草场）流转的研究，中国土地制度变迁是公有制（国有制）与私有制的循环过程，土地制度的变迁是多方利益主体博弈的均衡过程，并随着社会发展，土地所有制结构和土地产权交易形式在历史演变中不断丰富。因此，在完善草原承包经营制度改革中，不应为流转而流转，要以产业为支撑调动社会生产积极性，适应新时期"三权分置"的市场化改革，而以混合结构为基础的双重保障机制的改革思路或许是一个有益探索。

（2）针对土地（草场）流转影响因素的研究，驱动牧民草场流转的因素既有个体特征和家庭特征因素的影响，也有外部政策驱动和利益驱动因素的影响。在已有研究中，尽管也提到牧民生产方式对草场流转的影响，但对游牧变迁、牧民社会分化的关注相对较少。此外，对生态补偿政策、退耕还林（草）政策的关注，忽视了牧民社会保障和社会信任感知差异对牧民草场流转的影响。牧民响应草场流转（转出）政策，意味着降低对草原的生计依赖。如果牧民社会保障不健全、生计感知水平低，自然导致牧民偷牧、过牧的概率增加，降低生态保护参与意愿。牧民医疗、养老、子女教育保障感知水平较低，致使牧民低估了风险抵御能力，降低了生态保护意愿，因而草场流转的生态治理效果也会大打折扣。牧民的内部信任，能够协助社区（部落）建立稳定的合作规则和互惠机制，是推动草场流转、草原公共资源有效治理的重要保证（埃莉诺·奥斯特罗姆、余逊达，2014）。

（3）针对草场流转生态减贫效应的研究，现有研究一是多侧重于草场流转的经济效益的测度，鲜有涉及草场流转与草原生态保护的定量研究。二是相对孤立地分析了草场流转对牧民收入和草场生态保护的影响，缺乏统一研究框架下的考量和测度，忽视草场流转对收入影响的实质是对家庭收入结构的影响，如牧业收入、非牧业收入和总收入的影响。三是少数关注草场流转与草原生态保护的研究，研究样本代表性不足、多以定性分析为主，弱化或忽视了对经济效益的测度。显然，草原生态保护与牧民生计发展是草原畜牧业管理的中心议题（王晓毅，2009），一切依赖草原资源的产业势必面临如何协调经济发展与生态保护的矛盾。

（4）实践经验表明草场流转有助于调整产业结构、转移剩余劳动力，同时对解决草场承包带来的细碎化和粗放化经营问题、优化资源要素配置、提高牧民生活质量、促进草原可持续发展均具有重要意义（余露等，2011；赖玉珮等，2012；张裕凤等，2015）。从土地（草场）流转成功案例的经验看，拥有稳定的优势产业作为提供成员权益的基本保障，殷实的产业基础、较高市场增值预期以及精良的人才管理团队是各种土地股份合作组织能持续经营、获得成功的保证。进而推演到草场经营制度改革，由于草场生态系统极其脆弱，除需要关注草场流转牧民的生存发展以外，草场生态安全也是不容忽视的重要方面。

1.4　研究思路与研究路线

1.4.1　研究思路

本书以牧民草场流转为核心对象，从主观和客观两个方面对生态减贫效应进行分析。在客观分析上，一是在收入视角下，通过 PSM 模型和分位数回归模型论述草场流转对牧民家庭收入影响，比较草场流转前后家庭收入结构的变化以及对不同收入层级牧民家庭收入的影响差异。二是在生态视角下，探索草场流转⇒生态改善⇒收入增加⇒生态减贫的影响路径。在主观分析上，从牧民感知视角下，基于牧民调研数据，从经济效益和生态效益对草场流转的减贫效应进行比较，以期优化草场流转的生态减贫路径（见图 1 - 1）。

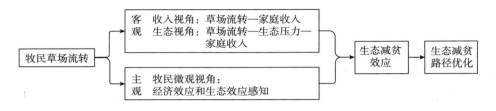

图 1-1　核心研究思路

在比较牧民草场流转的生态减贫效应之前，通过对新疆和内蒙古的实际调研发现，牧区多是少数民族聚居区，尤其以蒙古族、哈萨克族、塔吉克族等民族为主，均有着悠久的游牧生活历史。牧民对草原和草原生活拥有浓厚的"念土情结"，对待草场转出十分慎重。自 2008 年以来，国家实施牧民定居工程，牧民传统游牧生产逐渐发生演变，定居与半游牧已成为草原畜牧业主要的生产方式。为进一步分析牧民草场流转的影响因素，拟从户主特征、家庭特征以及社会保障、社会信任展开分析。

1.4.2　研究路线

基于研究思路和内容设计技术路线，并对各个关键点展开论述（见图 1-2）。

第一部分：研究问题提炼与研究理论基础。

研究问题：基于草场流转日益兴起的背景，针对草场退化、增收困境、收入分化等现实问题，提炼出本书的理论问题，探析牧民草场流转的参与机制以及草场流转的生态减贫机制。

理论基础：一方面，通过文献分析，梳理关于草原承包经营制度变迁、牧民草场流转的影响因素及生态贫困效应等文献；另一方面，结合制度变迁理论、生态贫困理论、路径依赖理论、计划行为理论等理论基础，提出待检验的研究假设。

第二部分：数据收集与构建数据库。

首先，基于中国农村土地制度变迁的思考，从历史演进的逻辑分析草场家庭承包经营制度改革与草场流转，为下一步草场制度改革提供参考；其次，通过设计入户调研问卷，以新疆和内蒙古 14 个牧业旗县为例，收集草场流转现状、牧民收入、草场生态环境状况等资料，为检验研究假设搭建数据库；最后，基于调研资料，尝试借助计划行为理论探析牧民草场流转的生态减贫机制及效应。

第三部分：研究假设检验与结果分析。

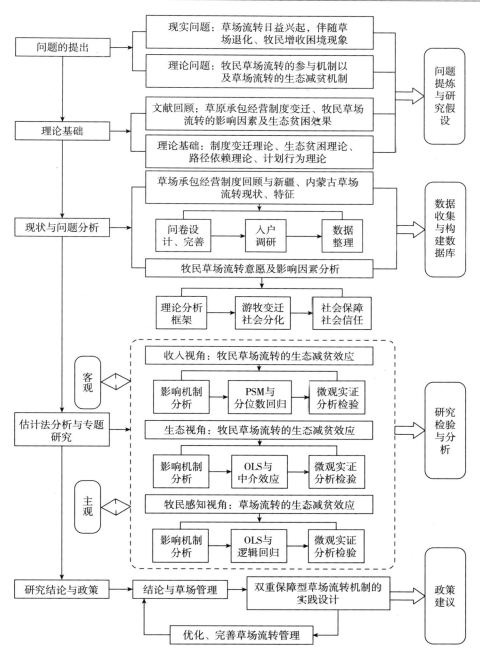

图 1-2　技术路线

此部分为重点专题研究，主要利用统计分析模型，从客观和主观两个方面进行分析，基于收入、生态和牧民感知视角，分析牧民草场流转的生态减贫效应。首先，客观分析上，基于收入视角，比较牧民转出草场和转入草场后，家庭总收入、牧业收入以及非牧业收入的差异，分析草场流转与牧民家庭收入的直接影响；其次，客观分析上，基于生态视角，通过纳入经济效益和生态效益指标，比较草场流转的生态减贫效应，探索草场流转⇒生态改善⇒收入增加⇒生态减贫的影响路径。最后，主观分析上，基于牧民感知视角，通过牧户特征、家庭禀赋以及草场流转类型，从收入增加效应、生态改善效应对牧民草场流转的生态减贫效应展开分析。

第四部分：研究结论与政策建议。

探索优化牧民草场流转与实现生态减贫有效衔接的路径。自 1949 年中华人民共和国成立以来，草地制度历经多次改革，尤其是 20 世纪 80 年代实施的家庭承包责任制改革，草地所有权、承包经营权逐渐明确、稳定。时至今日，草场细碎化、生态贫困及牧民生计脆弱等问题凸显，亟待探索优化牧民草场流转与实现生态减贫有效衔接机制。在参考农地流转经验以及对草场流转的生态减贫效应的分析后，本书提出双重保障型草场市场流转的改革思路，优化草场资源管理，保障牧民草场流转后可持续生计的稳定以及草原生态功能、公益性功能不因流转而降低，推进牧区经济社会的可持续发展。

1.5　研究方法与数据资料

1.5.1　研究方法

本书基于技术路线设计，首先，从统计分析入手，对新疆和内蒙古 14 个牧业旗县草场流转的现实问题进行提炼。其次，经过对中国土地制度变迁和草场资源管理等相关文献的梳理，借助已有理论基础提出本书的理论问题和前期研究假设。再次，通过设计调研问卷，从微观视域对新疆、内蒙古草场流转的具体情况展开调研，为进一步探析牧民草场流转参与机制、生态减贫机制和效应奠定数据基础。最后，一是借助多种计量分析模型探析牧民草场流转对家庭收入、草场生态的影响，分析草场流转的生态减贫效应。二是以规范分析与实证分析为手段，探索未来草场经营制度改革的思路，以期推进草原畜牧业与经济社会的可持续发展。

1.5.1.1　文献分析法

通过农业农村部、自然资源部以及新疆农业农村厅、内蒙古农牧厅对我国草场流转、草场生态、牧民收入等宏观情况进行了解。同时，借鉴已有类似研究成果和理论基础，构建牧民草场流转的生态减贫效应的理论分析框架，为进一步从流转机制、流转效应等方面的实证分析奠定研究基础。

1.5.1.2　统计分析法

田野调查法：以英国人马林诺夫斯基（Bronisław Kasper Malinowski）为代表而不断发展形成的科学调查方法。田野调查法在 20 世纪 70 年代曾引起研究热潮，其中以费孝通先生的《江村经济》最具代表性。随后伴随实证分析热潮的到来，田野调查在人文社会科学的研究中不断发展和丰富。本书对牧民草场流转的研究，便是基于田野调查法以微观牧民为调研对象，分析草场流转的生态减贫效应。具体实施步骤如下：

调研准备。基于研究内容和研究目的，在对部分调研区域预调研的基础上，修订调研问卷，最终形成调研问卷和调研方案设计。采用典型调查的方法选取被调查专家、干部。首先，对每位专家进行问卷调查，然后召开"牧民草场流转"专题座谈会，初步形成"牧民草场流转的生态减贫效应"的调研大纲，理清影响目标形成的因素。其次，针对干部的问卷主要采取问卷和访谈形式，就社会资本以及对生态减贫认知进行预调研。最后，选择牧民进行试调查，检验牧民对上一阶段初步形成的调研问卷的认可程度和问卷实用性。

开始阶段。根据研究设计完成具体调研的抽样与入户调研。调查样本的选取采用分层抽样，结合区域分布和社会经济发展水平，从内蒙古东部呼伦贝尔市、中部锡林郭勒盟和西部阿拉善盟，从新疆伊犁州直属地区（以下简称伊犁地区）、塔城地区、阿勒泰地区和哈密市、昌吉回族自治州等主要牧区分别选取新巴尔虎左旗、新巴尔虎右旗、东乌珠穆沁旗、西乌珠穆沁旗、阿拉善左旗、阿拉善右旗以及特克斯县、巩留县、托里县、和丰县、哈巴河县、阿勒泰市、巴里坤县、吉木萨尔县 14 个旗县进行抽样，样本分布较广，因而样本代表性较好。牧户样本的抽样，从以上旗县市中分别选取 1~2 个能够反映不同经济发展水平的代表性乡镇（苏木），在每个乡镇依照相同标准分层抽取 1~2 个样本村（嘎查），随后从每个村随机选择 10~15 户牧户进行问卷访谈。

调查阶段。于 2017 年 8~10 月、2018 年 7~8 月分别前往新疆和内蒙古牧业旗县进行入户调查，完成第一次调研。第一次调研共发放问卷 480 份，调研内容涵盖牧户特征、畜牧经营、草场流转以及生态减贫效应感知等。

补充调查阶段。在第一次调研的基础上，由于受当地气候其他因素影响，为进一步完善调研内容和样本，于 2018 年 11～12 月再次前往新疆完成第二次调研。访谈问卷涉及牧民草场流转与收入情况、草场压力与生态状况以及牧民家庭资源禀赋特征等内容。至此，入户调研和田野数据采集基本完成。

撰写调查研究报告阶段。在田野调查获得数据资料基础上，充分考虑调查点地理位置、经济发展水平等因素，通过实证分析与规范分析对牧民草场流转的参与机制、草场流转的生态减贫效应依次展开论述，形成具有参考价值的研究成果。

1.5.1.3 计量分析法

（1）Logit 模型。拟采用 Logistic 模型对牧民草场流转行为效应进行分析，考察不同响应行为对牧民可持续生计的影响。被解释变量为"参与草场转出/转入"，"0"代表"不参与草场转出/转入"，"1"代表"参与流转"，P_i 表示参与的牧民在总农户中所占的比例，对机会比率 $\dfrac{P_i}{1-P_i}$ 取对数得 $\ln\dfrac{P_i}{1-P_i}$ 记为 $Logit_i$，具体函数模型如下

$$Logit_i = \ln\frac{P_i}{1-P_i} = \alpha + \sum_{i=1}^{m}\beta_i x_i + \gamma_i Z_i \qquad (1-1)$$

式中，α 为常数项，X_i 表示第 i 个牧民参与草场流转行为的影响因素；Z_i 表示个体、家庭特征等控制变量因素，γ_i 表示非控制变量以外的核心因素对牧民草场流转的影响；β_i 是 Logistic 回归模型的偏回归系数，表示第 i 个影响因素对牧民参与流转行为的影响程度。

（2）OLS 回归模型。普通最小二乘法（Ordinary Least Square，OLS），普通最小二乘估计就是寻找参数 β_1、β_2……的估计值，使上式的离差平方和达到极小值。在误差项等方差、不相关的条件下，普通最小二乘估计是回归参数的最小方差的线性无偏估计。本书基于截面数据的牧民草场流转行为与草原生态贫困的生产函数模型，把体现牧民畜牧业的生产函数理论模型与截面数据处理方法结合起来，通过对截面数据中心化（Entity - demeaned）建立牧民草场流转与草场生态贫困模型进行 OLS 回归，探析草场投入、牲畜资本和畜牧业生产对牧民草场流转的影响差异。

（3）PSM 模型。参与草场流转牧民的家庭收入数据比较容易获取，但无法

观测到参与草场流转牧民家庭如果不参与草场流转的收入，为此，依据 Rosenbaum 和 Rubin（1985）提出的通过构建反事实框架，将非随机数据近似随机化，采用倾向得分匹配（PSM）估计参与草场流转的反事实概率（陈强，2014）。本书根据 PSM 计算平均处理效应的一般步骤构建实证模型，采用 Logit 模型对影响牧民参与草场流转的特征变量进行估计，测得每户牧民的倾向得分。即：在没有参与草场流转的牧户中寻找到与实际参与草场流转牧户相似的对照组，构建一个近似随机化的反事实数据比较草场流转对牧民家庭收入的影响。处理组的平均处理效应（ATT）一般如式（1－2）计算得到，其中，$N_1 = \sum_i D_i$ 代表参与草场流转的牧户，$\sum_{i:D_i=1}$ 表示仅对参与草场流转牧户进行加总，y_{1i} 表示实际参与草场流转牧民参与后的家庭收入，y_{0i} 表示实际参与草场流转牧民如果没有参与草场流转的家庭收入，前者属于可观测变量，后者是根据倾向得分匹配在未参与草场流转牧民中构建的一个反事实估计结果。PSM 的稳健性检验，通过比较 K 近邻匹配、卡尺匹配和核匹配结果的相似性确定。

$$ATT = \frac{1}{N_1} \sum_{i:D_i} (y_{1i} - y_{0i}) \tag{1-2}$$

（4）分位数回归模型。在比较草场流转对牧民家庭收入的影响后，进一步采用分位数回归估计草场流转对不同收入层级牧民家庭收入的影响程度。分位数回归由 Koenker 和 Bassett（1978）提出，使用残差绝对值的加权平均作为最小化的目标函数，不易受极端值影响，分位数能够提供关于条件分布的全面信息，同时还能够分析不同分位数条件下解释变量对被解释变量的作用机制，恰好与本书分析草场流转对不同收入层级牧民收入的影响机制一致。对此参照陈强（2014）关于分位数回归模型的介绍，构建如式（1－3）的估计方程，其中，β_q 是 q 分位数的回归系数，可以通过式（1－4）最小化问题的定义求得。如果 q = 1/2 则称为中位数回归，书中按照 q = 1/10、3/10、5/10、7/10 和 9/10 进行分位数回归，比较分析草场流转对牧民收入的影响。

$$y_q(x_i) = x'_i \beta_q \tag{1-3}$$

$$\min_{\beta_q} \sum_{i:y_i \geq x'_i \beta_q}^{n} q \mid y_i - x'_i \beta_q \mid + \sum_{i:y_i \geq x'_i \beta_q}^{n} (1-q) \mid y_i - x'_i \beta_q \mid \tag{1-4}$$

（5）中介效应分析方法。有关中介效应的研究，大部分学者采用温忠麟等（2004；2012）翻译并推广的因果逐步回归检验方法。近年来，有学者对该方法的有效性及检验程序的合理性提出了疑问（MacKinnon et al.，2002；Preacher and Hayes，2004；Zhao et al.，2010），并推荐由 Preacher 和 Hayes（2004）设计的 Bootstrap 方法进行检验。由 Hayes 及其合作者配合 SPSS 软件设计的 PROCESS 程序插件，可以提供 92 种复杂情况下中介或调节效应的回归检验，被国际顶级学术期刊发表的论文广泛采用。鉴于此，本书首先纳入控制变量，建立草场流转（X）⇒草场压力（M）⇒牧民收入（Y）的中介效应模型，其回归检验模型见式（1-5）至式（1-7）。

$$Y = \alpha + aX + e_1 \qquad (1-5)$$

$$M = \alpha + bX + e_2 \qquad (1-6)$$

$$Y = \alpha + c'X + b'M + e_3 \qquad (1-7)$$

然后纳入草场退化（W）指标，构建第二阶段被调节的中介作用模型，重点检验"草场退化"的调节下，草场压力（M）在草场流转（X）对牧民收入（Y）影响中的中介效应变化，其回归检验模型见式 1-6 和式 1-8。中介效应的分析均使用 Bootstrap 方法利用 PROCESS 程序插件在 SPSS 软件中实现。

$$Y = \alpha + c'X + b'M + b_1'W + b_2'MW \qquad (1-8)$$

1.5.2　数据资料

数据源于 2017 年 8～10 月、2018 年 7～8 月以及 2018 年 11～12 月分 3 次前往新疆和内蒙古牧业旗县的入户调查。新疆和内蒙古分属我国第一、第二大牧区，且多沿着北方边境分布，受气候条件、地域文化及草原类型影响形成各具特色的畜牧生态系统，牧民不同草场流转行为的生态减贫效应存在差异。调研按照区域分布和社会经济发展水平，从内蒙古东部呼伦贝尔市、中部锡林郭勒盟和西部阿拉善盟，从新疆伊犁地区、塔城地区、阿勒泰地区和哈密市、昌吉回族自治州等主要牧区分别选取新巴尔虎左旗、新巴尔虎右旗、东乌珠穆沁旗、西乌珠穆沁旗、阿拉善左旗、阿拉善右旗以及特克斯县、巩留县、托里县、和丰县、哈巴河县、阿勒泰市、巴里坤县、吉木萨尔县 14 个旗县进行抽样，因而样本代表性较好。牧户样本的抽样，从以上旗县市中分别选取 1～2 个能够反映不同经济发展水平的代表性乡镇（苏木），在每个乡镇依照相同标准分层抽取 1～2 个样本村（嘎查），随后从每个村随机选择 10～15 户牧户进行问卷访谈。

第一阶段：2017 年 8～10 月、2018 年 7～8 月两次调研共发放问卷 480 份，回收问卷 437 份，有效问卷 386 份，有效率 88.33%。第二阶段：2018 年 11～12 月的调研主要针对新疆牧区的补充调研，共发放问卷 80 份，回收有效问卷 41 份。即两个阶段，新疆和内蒙古共发放问卷 560 份，获得有效问卷 427 份，有效率为 76.3%。分地区来看，内蒙古的调查共抽取 3 个盟市 6 个旗 12 个嘎查 200

户牧户，实际发放问卷 220 份问卷，回收 205 份问卷，剔除 21 份大量数据缺失的无效问卷，有效问卷 184 份，有效率 89.8%。新疆调研共抽取 5 个地州市 8 个县 12 个村发放问卷 340 份，收回 312 份问卷，剔除 69 份无效问卷，获得有效问卷 243 份，有效率 71.5%。

从新疆和内蒙古的草场流转样本看，参与草场流转的样本 120 份，流转发生率 28.1%[①]，转入草场样本 70 份，比重 58.3%，转出草场样本 50 份，比重 41.7%，其中同时参与草场转入和转出的样本 1 份。调研内容涵盖牧民家庭禀赋特征、草场流转、畜牧生产经营、草场生态环境以及牧民生态减贫效应感知等内容。样本平均年龄为 47.1 岁；文化程度较低，主要集中在初中以下；户均家庭子女上学数量为 1.49 人；从家庭畜牧生产特征看，牧民牧业依赖度较高，草场规模、养殖规模分布相对均匀，户均生产资本小于 2 万元，流转草场主要流向少数民族牧民。

1.6 可能的创新之处

（1）研究丰富了草场流转的内涵。通常而言，草场流转具体是指草原承包经营权的流转，按照《中华人民共和国草原法》《中华人民共和国农村土地承包法》等有关法律的规定，一般指依法转包、出租、互换及入股等方式流转草原承包经营权。但从本质上看，草场流转实际是草场所承载的生态系统的开发利用权力的流转，即围绕草场生态产品（草、生态系统）从事生产开发的经营活动，如饲养牲畜、生态观光旅游等。但基于草场生态系统的自生演进和恢复功能，流转主体享有草场承包权获得发展的同时，也承担着维护草场生态可持续功能的责任。与农地流转相比，草场流转不仅要解决规模问题，而且还要解决草场生态可持续问题。因此，草场流转的特性显著区别于以规模化为主要目标的农地流转。

（2）基于收入视角，探析草场流转对生态减贫影响的动态效应。本书采用新疆和内蒙古 14 个牧业旗县的调研数据，通过划分草场流转类型，比较牧民家庭收入的动态变化效果。一方面，按照是否转出草场、是否转入草场的分类，借

---

① 调研样本的草场流转率为 28.1%，相对于 2019 年全国耕地平均流转率 35% 而言，牧区草场流转率较低。可能的原因是，我们样本的选择属于纯牧区，牧民大多数依赖于畜牧收入，因此整体的流转水平较低，也能客观反映出纯牧区草场流转的基本情况。

助 PSM 模型比较草场流转对牧民家庭收入的影响；另一方面，利用牧民收入分位数回归模型，比较草场流转对不同收入层级牧民家庭收入的影响差异。

（3）基于生态视角，按照"草场流转⇒生态改善⇒收入增加"的逻辑关系，试图通过实证分析，论述草场流转对提高牧民收入、改善草场生态环境的影响和作用路径。已有研究多侧重于草场流转的经济效益的测度，鲜有涉及草场流转与草原生态保护的定量研究，并相对孤立了草场流转可能同时对家庭收入和草场生态环境的影响，缺乏统一研究框架下的考量和测度。显然，草原生态保护与牧民生计发展是草原畜牧业管理的中心议题（王晓毅，2009），一切依赖草原资源的产业势必面临如何协调经济发展与生态保护的矛盾关系。

（4）基于感知视角，采用 OLS 回归和 Ordered Logit 模型比较未参与草场流转、草场转出、草场转入牧民对草场流转的生态效应感知的差异。在草场流转效应的已有研究中，多聚焦于客观条件下牧民家庭收入的变化，关于主观条件下的感知变化还鲜有涉及。一般而言，牧民通常能够敏锐地察觉到家庭收入和草场生态环境的微弱变化。因而，从牧民感知视角，用收入增加效应和生态改善效应表征草场流转的生态减贫效应，有助于全面反映牧民对草场流转效应的主观感受。

（5）吸取农地流转市场的发展经验，以草场市场化流转为导向兼顾草场生态安全，保障牧民生计（收入）安全，有效衔接草场流转与畜牧业的现代化发展。即：提出双重保障型草场市场化流转机制改革的思路，在不改变草场所有权、草场承包关系的基础上，实现牧民收入安全和草场生态安全的双重保障，推动草场流转的市场化发展。

第2章 相关概念与理论基础

基于第 1 章的研究设计，本章将从相关概念界定和理论基础展开论述。首先，对拟要研究问题的概念进行明晰的梳理；其次，借助相关理论基础和牧民草场流转的生态减贫机制分析，构建本书的理论框架；最后，为进一步阐述草场流转的生态减贫效应，设计具体研究方案。

2.1 相关概念

2.1.1 草场流转的内涵

草场流转具体是指草原承包经营权的流转，按照《中华人民共和国草原法》《中华人民共和国农村土地承包法》等有关法律的规定，一般指依法转包、出租、互换及入股等方式流转草原承包经营权。从本质上看，草场流转实际是草场所承载的生态系统的开发利用权力的流转，即围绕草场生态产品（草、生态系统）从事生产开发的经营活动，如饲养牲畜、生态观光旅游等。但基于草场生态系统的自生演进和恢复功能，流转主体享有草场承包权获得发展的同时，也承担着维护草场生态可持续功能的责任。与农地流转相比，草场流转不仅要解决规模问题，而且还要解决草场生态可持续问题。因此，草场流转的特性显著区别于以规模化为主要目标的农地流转。

新疆和内蒙古在基本草原保护条例中明确指出禁止买卖和变相地买卖草原，或以其他方式非法转让、侵占草原。书中对新疆和内蒙古牧业旗县的调研发现，目前草场流转主要以出租为主，调研样本显示，83% 的草场流转是在牧民与牧民之间以租赁形式完成。简而言之，草场流转主要是指经营权或使用权的流转（张引弟等，2010；格日多杰，2010）。

2.1.2 家庭收入的内涵及外延

基于已有研究的基础，探讨草场流转对家庭收入的影响。首先，需要对家庭收入进行分类，如牧业收入、非牧业收入和总收入；其次，除将家庭收入按类型划分外，草场流转同样需要分为未参与草场流转牧民、草场转出牧民以及草场转入牧民，不同流转行为对家庭收入的影响存在差异；最后，由于牧民社会分化现象的出现，如收入分化、职业分化等，需要从牧民收入层级划分进一步探讨草场流转对不同收入层级的影响。

牧业收入主要由饲养畜牧的收入、草原生态补偿的收入以及参与草场流转的收入等构成。非牧业收入主要由打工或从事二三产业收入构成，如经营牧家乐、个体经销、倒卖牲畜等行为获得的经营收入。牧民家庭总收入则由牧业收入和非牧业收入的加总得到。具体数据获得通过问卷访谈得到，并整理获得牧民家庭畜牧生产、外出务工或创业收入等数据。此外，不同收入层级牧民的划分，则根据有效样本量和分位数回归的研究范式，按照 1/10，3/10、5/10、7/10 和 9/10 分位点进行划分，阐释草场流转对低收入层级、中低收入层级、中等收入层级、中高收入层级和高收入层级牧民家庭收入的影响差异。

2.1.3 生态减贫效应的内涵及外延

生态贫困在国内的研究起步较晚，针对生态减贫的研究更是屈指可数。从某种程度上分析，贫困问题（增收问题）与生态环境紧密相关，生态环境越脆弱的地区，贫困发生率相对越高（李仙娥等，2014；乔宇，2015）。关于草场生态保护的研究中，李惠梅等（2013）、胡振通等（2016）等将减少牲畜、流转草场、延长圈养等畜牧方式均视作草场生态保护行为。实践经验表明，流转草场、产业转移是近年来牧区经济转型、城乡协调发展的路径之一，也成为优化畜牧资源配置、推动畜牧业规模化发展的新途径，得到了各级政府的政策支持。

生态环境的恶化会加剧贫困（帅传敏等，2017），反之则有助于缓解贫困的发生。本书在借鉴已有研究的基础上，对生态减贫的界定是：不考虑生态保护的外部性时，在一定放牧范围内，改善草场生态环境，越有利于提高牧民收入或降低贫困发生。具体而言，草场流转的生态减贫是指随着牧民转入草场面积的增加，一方面其牲畜养殖规模和家庭收入会随之增加；另一方面由于草场规模的增大，牧民可以通过小区域划区轮牧，以游牧与定居相结合的畜牧方式，既能降低草场压力，也能稳定家庭收入。进而，我们将由草场流转带来的生态改善和收入变化，称为生态减贫效应。

生态减贫效应的调查指标构建，主要借助访谈问卷获得牧民的草场面积、养殖规模等数据，并由此得到家庭收入和草场生态环境变化的数据。在客观指标方面，草场压力用草场载畜率表征，载畜率① = （自有草场承包面积 + 流转草场面积）/养殖规模。在指标测算过程中，依据实际调研获得牧民家庭畜牧养殖结构数据，统一折算成标准羊单位的养殖规模，再用牧民实际草场面积除以家庭标准羊单位总数，载畜率越高草场放牧压力相对较小。胡振通等（2014）研究指出通过草场流转提高草场载畜率，起到降低草场压力、改善草场生态环境的作用。在主观指标方面，采用访谈问卷获取牧民收入增加效应、生态改善效应的感知数据。

2.2　理论基础

2.2.1　制度变迁理论

制度变迁理论（Institution Change Theory），20 世纪 50 年代以来，经济学和制度变迁的交叉研究取得了丰富成果。产权学派配杰威齐、菲吕博腾从产权、激励与经济行为的视角出发，探讨了产权结构在收益——报酬制度和资源配置方面的作用机理。科斯发表的《社会费用问题》对日后制度变迁理论的发展做出了巨大贡献，其在揭示传统教条错误的同时，提出权利的界定和权利安排直接作用于经济交易行为。如果产权被明确界定，且市场交易行为存在费用问题，相互作用的各主体会通过合约寻找能将交易费用降到最低的制度安排，这一制度安排取决于带来的最大价值量与产生费用的差值。受科斯思想的影响，阿尔钦、登姆塞茨及张五常等人又再次推进产权领域的研究。阿尔钦和登姆塞茨关于企业与产权市场优越性、强制性和纪律约束的比较，认为这些权利差异的本质由各自选择合

---

　　①　根据《天然草地合理载畜量的计算》（中华人民共和国农业行业标准 NY/T635—2002），转算标准羊单位。

约结构决定。张五常则将产权方法运用到对土地制度安排的分析上，在其《私有产权与分成租佃》、《交易费用、风险规避与农业合约选择》的文章中，论证只要在产权明晰为私有的前提下，固定租约与分成合约的所有者在同一块土地上的生产效率均是无差异的，都能够实现资源的有效配置。制度安排在决定人的行为决策、资源有效配置及经济绩效提升中具有极为重要的作用。舒尔茨在《制度与人的经济价值的不断提高》一文中，将制度定义为管束人们行为的系统规则，并将制度提供服务的效应归于降低交易费用、影响要素权利者的配置安排。诺思、托马斯和戴维斯等人将"制度"因素纳入到模型中，研究制度变迁与美国经济增长的机制，认为制度变迁源于对利润的追求。由于潜在利润无法在现有的制度安排内实现，继而推动人们对制度变迁的需求，最终形成新的制度替代旧的制度。诺思等人关于潜在利润认知与新制度安排创新之间的研究，引起巨大反响。受此影响，林毅夫在对制度的功能与制度不均衡的分析中，把制度变迁分为诱致性变迁和强制性变迁（科斯、阿尔钦、诺斯，1994）。

国内学者已经从制度变迁与交易费用理论视角出发，分析了中国土地制度改革的特征，并通过吸取中国古代土地制度改革积累的经验和借鉴国外在土地制度改革方面取得的成果，对中国土地制改革展开了深入研究。于千千（2007）以制度经济学和博弈论为基础，探讨唐朝土地制度由"抑制兼并"到"不抑兼并"演化的内在机制。王炯（2011）通过分析清朝各个时期土地制度的演进特征，总结清朝土地地租的种类和剥削方式，并与现阶段中国农村土地产权制度改革进行了对比分析。除了对中国古代土地制度变迁的研究，对国外土地制度变迁也是学界较为关注的热点。张清（2005）分析俄国 1861～1924 年土地制度演进，从土地占有权、使用权分析了农民不同土地所有制的权利变迁。郝寿义等（2007）以日本为例，分析在工业化和城市化过程中如何促进农地制度和城市土地制度的统一，协调经济发展的内在机制。窦祥铭（2012）研究关于中国农地产权制度演进历史，认为中国农地产权制度的改革走向是"国家终极所有，农民永久使用"，以此最大限度地调动农民的生产积极性。丰雷等（2013）从制度变迁理论入手，应用 1999～2010 年 5 次 17 省的调查数据分析中国农村土地调整的制度演进及地区差异，论证中国农村土地调整的制度演进具有诱致性制度变迁的特征。

2.2.2　生态贫困理论

20 世纪 80 年代，生态脆弱区被作为边缘地带（Marginal Zone）相关问题来研究。1988 年布达佩斯生态学国际会议上，专家开始从生态学角度研究生态脆弱区的问题，首次提出"Ecozone"表示生态脆弱区。到 90 年代，学者把贫困与生态脆弱性放在一起探讨。托达罗（1992）认为生态环境退化的恶性循环是造成地区贫困落后、经济社会非持续发展的重要原因。另外，关于生态贫困理论的观点，是基于自然生态资源的贫瘠或生态环境破坏、退化等生态承载力的角度来考虑。认为生态环境的破坏，使人们生活水平受到限制甚至陷入贫困。即，生态贫困是指自然资源的不断恶化导致生态系统功能破坏，带给经济社会和居民的负面影响。还有种观点是从马斯洛需要层次理论来考虑，认为随着工业化、城镇化发展，生态环境遭受到巨大破坏，人们开始追求改善已经被破坏的生态环境时，处于一种生态贫困的状态。本书中的生态减贫，是基于牧民响应草场制度改革，参与草场流转的生态减贫效应，针对转入草场的牧民，一方面草场面积增加，提高了家庭牲畜养殖规模，进而影响家庭收入；另一方面由于草场规模的增大，牧民可以通过小区域划区轮牧，以游牧与定居相结合的畜牧方式，既能降低草场压力，也能稳定家庭收入。

2.2.3　路径依赖理论

路径依赖的概念最早是从技术变迁中分离出来的，先后通过 David（1985）和 Arthur（1989）在 20 世纪 80 年代逐步完善并形成体系，是指人类社会中的技术演进或制度变迁均有类似于物理学中的惯性，即对某一路径产生习惯后，便可能对这种路径产生依赖性（刘汉民，2003；刘和旺，2006）。1993 年诺贝尔经济学奖者道格拉斯·诺思在《经济史中的结构与变迁》中，第一次刻画了技术演进过程中出现的自我强化现象，并依据"路径依赖"理论，论述了经济制度变革的演进历程（North，Douglass Cecil，1991）。

路径依赖理论的主要内容，分别从以下三个角度展开阐述。一是制度的变迁与技术演进的过程存在很强的相似性，具有经济学上所说的报酬递增和行为心理学所阐述的自我强化机制。所以，"人们过去做出的选择决定了他们现在或者未来可能的选择"。针对经济和政治制度的发展经验，经济发展有可能进入起初预期规划的轨道，实现良性优化的发展目的；同时，也有可能顺着原先存在巨大缺陷的轨迹，导致错误路径变得更差。一旦进入某种无效率的锁定状态，往往很难通过自我力量得以修正，因此大部分需要外部力量才能脱离这种陷阱。二是制度变迁与技术进步之间的差异，除受到经济学规律的报酬递增机制作用外，现实复杂的市场变化中也存在诸多因素对其产生始料未及的作用。三是制度变迁的复杂和不可控性远胜于技术进步，因而管理决策者的主观抉择特征，在制度变迁演进中表现的功能起到决定性作用。在具有不同的历史和结果的不完全反馈下，行为将具有不同的主观主义模型（刘和旺，2006；North，Douglass Cecil，1991）。因此，制度变迁演进过程的边际调整趋势存在差异[①]。这种观点认为各种制度模式存在显著性的差异特征，在不同历史条件下，也是造成不良制度或经济贫困国家长期存在的主要原因之一（李先东，2016）。

2.2.4 计划行为理论

管理是不断决策的过程，决策是管理的常态。正如美国著名决策管理大师赫伯特·西蒙所言"管理就是决策"。任何组织或个体不同时期、不同阶段都会面临各种各样的问题，需要研究采取合适的措施加以控制，以期实现某一目标。针对牧民而言，直接面临着的是畜牧生产决策，即是否将自家承包的草场流转出去，转移到其他领域，完成生计转型的决策。近年来，针对微观个体的决策理论，有了较为系统的理论体系——计划行为理论。

计划行为理论最早源于人们态度与行为之间差异的研究。1934年LaPiere从美国旅店和餐馆接待亚洲人的态度和行为的研究中，发现店主对待亚洲人的态度与实际行为出现显著差异，从而论证态度决定个体行为的观点。Wicker随后于1969年从心理学视角研究认为，人们的态度不能预测出行为的发生，因此引起学界轰动。

为探索人们的态度与行为的内在影响机理，此后大量的学者投入到这一领域的研究。经过Fishbein和Ajzen的研究，提出通过行为态度和主观规范预测并解释主体行为决策过程的行为理论模型，即理性行为理论（Theory of Reasoned Action）。由于理性行为理论假定个体行为受意志控制，Ajzen（1985，1987）在系统回顾之前关于理性行为理论中未考虑的问题，从行为、主观规范和感知行为控制的态度，准确地对人们对不同类型行为的意图进行预测，证明态度、主观规范和行为控制与适当的行为、规范和控制信念有关，但仍无法精确确定这些关系的性质。并发现期望——价值公式，只有部分能够很好处理这一套关系。这一分析范式的创新之处，是在预测行为的过程中借助过去的行为来检验理论的充分性，并将这一结论通过实证分析给予论证（Rowntree，Hunter，1902；Ajzen，1991；Ajzen，1985；Ajzen，1987）。关于这一研究，Ajzen整理形成《计划行为理论》一文发表在 *British Journal of Social Psychology*（见图2-1），目前这一理

---

① 部分资料来源：http://baike.baidu.com/subview/397443/397443.htm。

论已经被运用到其他有关行为决策的研究中，如企业组织管理、组织绩效以及政府决策、心理咨询等若干领域，对探索人们各种行为决策过程中态度、主观意识以及社会规范等方面的影响提供了一个系统科学的分析方法。

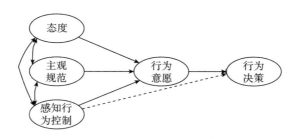

图 2 - 1　计划行为理论框架

资料来源：Ajzen I. The theory of planned behavior. ［J］. British Journal of Social Psychology, 1991, 50 (4)：179 - 211.

管理是平衡各条件下决策行为的效率与效益（效应），并以此指导管理活动。在实践中，牧民从事畜牧生产始终面临草场资源的稀缺与牧民生计发展。草场资源的稀缺是相对于牧民生计发展对草场资源的依赖而言的，尤其是牧民日益增长的生计需求，在不丰富生计来源渠道的前提下，基本依赖于对草场资源的开发或利用。因此，基于传统管理学理论中针对"追求自身利益最大化""需求偏好多样性""有限理性"以及"机会主义倾向"等假设，牧民个体的行为决策（草场流转）既是其本身主观特征的反映，又是其对自身管理功能与效率的测度。具体而言，首先，是牧民对从事畜牧业或非牧业领域事业活动的能动性；其次，是对家庭资源禀赋的配置能力与有限认知，并转化为从事具体经济活动的支付成本和获得稳定预期收益可能面对的风险评估；最后，基于上述环境认知达成的管理决策行为，客观实现的管理总效率，具体细分为激励效率、配置效率、风险效率等。

罗纳德·哈里·科斯（Ronald H. Coase）、阿门·阿尔奇安（Armen Albert Alchian）等著名经济学家提出，资源稀缺条件下资源的权利或产权形式（使用权、收益权和转让权），会影响到资源利用和资源管理效率。产权制度安排下，管理便在经济活动中形成各种差异化的权利，进而影响管理体制的效率。就牧民草场流转而言，实践调研发现牧民的草场流转更多的是草场经营权的流转。针对转入草场的主体，必然面对不同产权关系的草场，进而影响其草场利用决策。针对转出草场的主体，其流转决策后带来的生计转移是否达到预期效应或效率，一方面影响牧民生计发展的稳定，另一方面通过影响草场流转实现资源二次配置的效应，进而对传统畜牧业发展和生产环境造成影响。可见牧民草场流转的决策，于畜牧生产主体而言便是管理。

2.3 牧民草场流转的生态减贫机理分析

2.3.1 收入视角下草场流转的生态减贫效应分析

基于传统理性经济人的假设，认为牧民参与草场流转决策，一方面是根据自身家庭劳动力、社会资本和自然资源等家庭禀赋差异的权衡，另一方面是对草原畜牧业发展前景的预判、草原政策和预期收入期望等社会环境的考量。因而参与草场流转的牧民，一定程度上意味着主要生计策略的转变。为便于数据分析，拟用草场流转主体的预期收入展开讨论。针对草场转出主体，转出草场的流转收入、预期可获得的工资性收入以及草原补贴收入高于自己经营草场的收入，牧民则可能参与转出草场行为。反之，针对草场转入主体，转入草场的预期经营收益高于未转入草场的收益，牧民则可能参与转入草场行为。换而言之，在不考虑市场与自然风险时，参与草场流转均有助于提高双方的收入。从实践经验看，草场转入主体除考虑流转草场的预期收益外，通过流转草场实现劳动力、生产工具等家庭资源禀赋与草场规模的有效匹配，获得规模经营收益，也是主要考虑的因素之一（谭淑豪等，2018）。草场流转主体，能够有相对充足的时间和精力兼职或全职从事畜牧业生产或转移到二三产业，获得较为理想的收入。张美艳等（2019）将转出草场牧民收入的增加，归结于劳动力转移效应和学习效应的非牧业增收机制；转入草场牧民的收入增加，归结于规模效应和拉平效应的牧业增收机制。此外，张引弟等（2010）、余露等（2011）、胡振通等（2014）在牧民草场（草原）流转影响因素的研究中也有类似论述。

2.3.2 生态视角下草场流转的生态减贫效应分析

生态环境退化的恶性循环是造成地区贫困落后、经济社会非持续发展的重要因素。例如，边远山区、地带性交汇等生态脆弱地区因生态环境恶劣而引起的贫困问题，仅依靠资金、制度或人力资源难以改变其贫困的根源（鲍青青等，2009）。Declerck Jane（2006）认为生态环境与人类发展始终处于共生的关系，人类对生态环境的过度开采，带来生态退化的同时也会导致地区贫困的发生，甚至使农牧民的生活陷入极度贫困（托达罗，1992）。在有关反贫困的研究中，有学者提出生态型反贫困的方法，通过加大生态环境的建设投入、改善生态贫困状态，进而有助于提高穷人的生计水平（Declerck et al.，2006；Sherbinin et al.，2008；Pijanowski et al.，2010）。

针对牧民超载过牧导致草场生态功能的退化，已有研究表明草场流转能够改善草场生态环境，并对牧民生计带来积极影响（赖玉珮等，2012）。基于生态贫困理论，认为牧民草场流转有助于缓解草场放牧压力、改善草场生态环境，并能够增加牧民收入。在相关实证研究中，有学者已论证了草场流转有提高草场载畜率、保护草场生态的作用（胡振通等，2014），但并未考虑对收入的影响。草场载畜率的提高，意味着单位草场面积上放牧牲畜数量的减少。基于实践调研发现，牧民转入草场有效扩大了养殖规模，草场面积的增加使小区域轮牧成为可能，部分缓解了因牲畜增加造成的草场放牧压力，但也存在转入草场后仍出现退化的现象。进一步研究发现，参与流转草场生态环境的改善或退化会影响到牧民增收效应。即，在草场流转影响草场压力、牧民收入的路径中，会受到流转草场生态改善的影响。

2.3.3 感知视角下草场流转的生态减贫效应分析

收入视角和生态视角是基于牧民家庭经营收入、草场载畜率的观测数据对草场流转的生态减贫效应分析，相对属于客观分析。从牧民感知视角出发，是基于牧民自我感知水平对生态减贫效应的评价，具有较强的主观特征。在整体研究设计上，从主观和客观两个方面是对生态减贫效应研究的相互补充。

生态环境的恶化会加剧贫困（帅传敏等，2017），而生态环境的改善则有助于增收、缓解贫困的发生。从作用机制上分析，一方面草场转入主体通过增加草场面积发展规模养殖，有利于提升家庭收入和缓解草场生态压力，另一方面牧户转入草场与家庭机械生产力或劳动力禀赋实现有效匹配，能够提高生产效率进而也有助于达到增收的目标。分析发现以往草场流转研究孤立了经济与生态的影响作用，同时从收入和生态两个方面对草场流转的生态减贫效应的研究还鲜有涉及。为完善该领域的研究，将基于牧民视角从草场流转的收入增加效应、生态改善效应综合衡量草场流转的生态减贫效应。因此，不同草场流转类型的牧民，由于权利关系的相互对立，其对生态减贫效应的感知评价自然存在差异。为此，将未参与流转、参与转出和参与转入的牧民进行分类，分别测度牧民对收入增加效应、生态改善效应的评价，最后用算术平均数表征生态减贫的整体效应展开分析。

2.4 理论框架构建

通过理论基础分析和牧民草场流转的生态减贫机制分析，构建理论框架（见图2-2）。基于制度变迁理论，分析新中国成立之前的土地制度变迁特征，同时，依托1949年至今的土地承包经营制度变迁来阐述承包经营制度变迁的历史轨迹下草场流转现象出现的必然和基本特征。

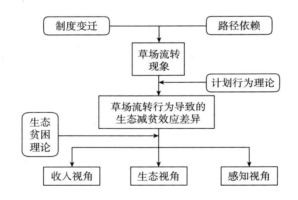

图2-2 牧民草场流转的生态减贫效应的分析框架

基于路径依赖理论，分析牧民从传统游牧生产方式向定居后的畜牧生产方式转变的过程中，牧民传统畜牧路径的依赖性影响到新时期草原生态保护背景下的畜牧生产方式的选择。进而基于管理决策理论和计划行为理论，从不同视角探析牧民草场流转行为。研究发现，从牧民传统游牧生产生活方式转变视角，牧民畜牧生产方式变迁、定居后的收入分化或社会分化对牧民草场流转行为具有一定的影响。从牧民对基本社会保障和社会信任的感知视角分析，牧民草场流转行为实际是其生计策略的转变，而前者对其生计选择、草场流转行为也具有显著影响。

至此，从制度变迁、路径依赖以及计划行为理论方面分析牧民草场流转和草场流转行为的差异。

为进一步探析牧民草场流转的生态减贫效应，在借鉴生态贫困理论的基础上对牧民不同草场流转行为展开探讨。受草原家庭承包经营制度的影响，牧民家庭草场面积基本相对稳定，但家庭人口却在不断增长，自然导致家庭人均草场面积的不断下降，因而造成草场资源贫困的发展困境。同时，随着牧民对草场利用程度的增加，草场生态环境出现不同程度退化，进而造成草场生产水平的下降，并形成恶性循环。与此同时，牧民通过草场流转能够实现小区域内的游牧，有助于延长草场生态的恢复时间，调整草场载畜率、降低草场压力，起到改善草场生态环境和增加牧民收入的作用。即，本书把这种草场资源重新配置的过程视为草场流转的生态减贫效应。在具体论述分析中，将客观分析和主观分析相结合，分别从收入视角、生态视角以及牧民感知视角探讨草场流转的生态减贫效应。本书基于草场流转的生态减贫效应的机制，提出双重保障型草场市场化流转的改革思路，协调牧区经济社会发展与草原生态保护。

2.5　本章小结

本章通过相关概念界定与理论基础分析，为本书后续牧民草场流转的参与机制以及生态减贫效应奠定基础。首先，对草场流转、牧民家庭收入和生态减贫效应等概念进行界定；其次，通过文献分析，对制度变迁理论、生态贫困理论、路径依赖理论、计划行为理论等理论进行简要梳理分析；最后，基于以上的理论分析和拟要研究的内容，构建了本书的理论框架。

第3章 牧民草场流转的背景、
现状与问题分析

随着牧区经济社会的不断发展，牧民草场流转现象日趋频繁，普遍对牧民传统游牧生产、生活产生较大影响。为进一步探析草场流转对牧民家庭收入、草原生态环境带来的影响，本章基于第2章的理论框架设计，将从草场流转的宏观背景、研究区经济社会概况以及样本区草场流转现状展开分析，以期了解草场流转的整体情况。

3.1 草场流转的背景

3.1.1 土地（草地）制度变迁中的草场流转

中国作为世界文明古国之一，近五千年的农业历史奠定了中国古代文明的夯实基础①。其中土地制度②的变迁，与历朝的兴亡紧密相关。土地制度历经公

---

① 这里的"五千年"是我国农耕史的泛数，依据万国鼎（1959）出版的《中国农学史》记载，从仰韶文化和龙山文化考证资料来看，我国农耕生活大概起源于公元前2200年前后，据此说明我国农耕生活至少有四五千年历史。根据竺可桢（1952）发表的文献资料《中国近五千年来气候变迁的初步研究》，以及华中师范大学冯易引用梁启超的话说明中国史籍的记载："俗史详记古帝王年代，大抵皆据宋邵雍之《皇极经世》，如云黄帝元年距今四千六百二十五年。"再如，卫匡国（Martin，1614～1661年）是意大利来华传教士，在他编撰的《中国上古史》中是从伏羲时代开始，并将伏羲时代的起始年定为公元前2952年，据此推算已有4969年的历史。

② 中国农业百科全书给出的定义是：土地制度是指在一定社会制度下，人民占有土地的形式，即，土地所有制。本研究的土地制度对象专指农田。

（国）有制→私有制→公（国）有制的循环变迁，在多个时期内混合所有制始终共存，积累了大量土地制度改革的经验供后人学习。实践表明，近现代以来我国土地制度改革历经多次尝试，走过"弯路"的同时也取得了显著成就（文贯中，2014）。然而，面临新时期农业经济升级转型的发展要求，土地制度改革被认为是破解"三农"问题的重要举措（文贯中，2014）。

土地公有制与私有制此消彼长，是中国近四千年土地制度变迁的特征之一（见图 3-1）。无论是土地国有制，还是地主私有制，均与当时社会环境存在紧密联系，对促进农业生产、经济社会发展起到积极作用。西周之前的社会，由于当时猛兽的数量较多，人类难以单独涉猎生存，外加原始捕猎工具的限制，土地公有制是保障人类生存发展的生产基础。随后，社会制度从原始社会、奴隶社会

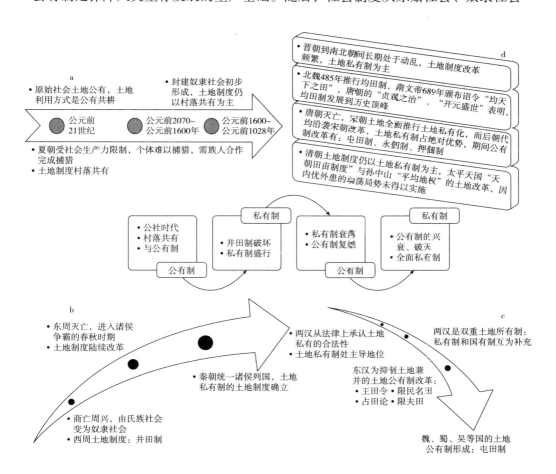

图 3-1　中国古代土地制度变迁趋势

过渡到封建社会，到秦朝时期的土地私有制改革，基本形成封建领主土地制度向封建土地私有制的过渡。在随后的朝代，受战争、徭役、政治腐败或社会贫富分化的影响，少数官僚、大地主占据绝大部分的社会资源，农民肩负繁重赋税、备受剥削压迫，处于极度贫困的状态，从而被迫举兵推翻封建统治，重新建立土地分配制度。整体来看，表现出土地国有制和大地主所有制的循环交替特征。

中华人民共和国成立至今，农村土地制度历经了 4 次重大调整，1978 年安徽省凤阳县小岗村包干到户的大胆尝试，拉开了我国家庭联产承包责任制土地制度改革的序幕。经过 40 多年的发展，我国的社会经济发展取得了举世瞩目的成就。然而面对乡村振兴的发展需要，家庭联产承包责任制导致的土地细碎化严重制约了现代农业的发展。数据显示，我国户均地块数为 6.499 公顷，平均地块仅为 0.209 公顷，已制约了现代农业的规模化发展（周应堂、王思明，2008）。我国草场经营制度基本是延续土地制度的变迁历程，并面临同样的细碎化问题。从变迁节点来看，大致划分为四个阶段（刘鑫渝，2011；赵澍，2015）。第一阶段，1949 年之前的封建氏族公有阶段；第二阶段，1949～1955 年民主革命时期的半私有化改造阶段，逐渐将封建氏族公有向私有化改造；第三阶段，1955～1983 年基本特征是人民公社化运动的集体所有；第四阶段，1978 年至今草原家庭承包经营，具体又划分为承包初期、落地实践、完善推广和深化改革等四个时期。至此草场经营制度基本稳定的同时，草场流转市场逐渐兴起发展，见图 3－2。

相比之下，牧区结合畜牧业的特殊性，从草地流转、合作经营展开草地制度改革的尝试。陈秋红（2011）详细评析了内蒙古呼伦贝尔市一个资源禀赋和经济发展相对较差的嘎查，通过基层自发、社区主导的草地共管模式（共同放牧管理），实现了牧业经济快速发展的同时改善草地状况。而资源禀赋和经济发展较好的嘎查由于管理缺失，出现了逆行演替草地生产力、经济潜力和生态服务性能下降或丧失。青海省 2008 年创造性地提出将草地和牲畜折算入股，形成由集体统一经营、用工按劳取酬、收益按股分配的股份制合作经营模式，通过强化集体收益配置制度、社会救助以及社会保障等管理措施，极大地调动了农牧民生产积极性，取得了显著的经济效益、社会效益和生态效益①。大部分学者认为，社区主导型的草地共管模式和牧民联户合作模式，在降低生产风险、提高经营效率以及生态保护等方面确实能够起到积极作用，但对社区组织管理者的要求较高，牧

---

① 资料来源：http://www.qhagri.gov.cn/Html/2017_02_04/2_127341_2017_02_04_211096.html。

民的契约意识、合作意识直接决定着社区共管模式的成败（陈秋红，2011）。部分牧区基层为破解草地细碎化问题，以草地流转为纽带开展农村集体产权股份合作制改革。如内蒙古阿荣旗按照资源定权、资产定股、经营定向、农民定心的"四定"模式，建立土地承包管理信息平台，推动草地市场化流转①。

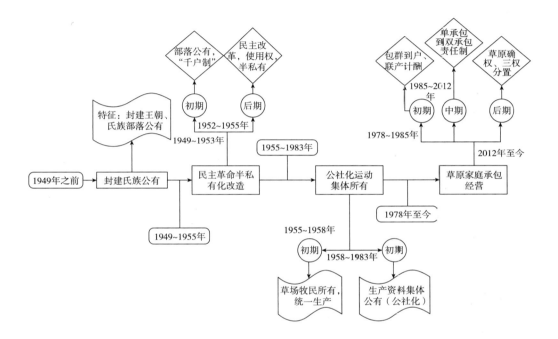

图 3 - 2　中国草原承包经营制度演变

草地生态安全、牧民生计保障，是完善草地流转市场建设、实现畜牧业现代化发展的两块基石。如何针对畜牧业经营特征和相对落后的经济基础，规范草地流转市场，也是落实乡村振兴战略的有效途径之一。从新疆、内蒙古和青海等牧区旗县基于土（草）地股份合作经营制度创新的经验来看，对发展畜牧经济、保护草地生态环境起到了一定作用。但从具体实践看，草地股份合作经营承担牧民社会保障和草地生态保护的全部职责，弱化甚至忽视了牧民应当承担的责任。同样基于草地股份化合作的思路，理应也要把社会保障、生态保护的"股份化"概念落实到每个成员身上。

---

① 资料来源：http：//www. moa. gov. cn/ztzl/ncggsyq/ggal/201705/t20170505_ 5595271. htm。

3.1.2 畜牧生产成本推动下的草场流转

畜牧业是农业的重要组成部分，在国民经济发展中占据战略地位，并受气候、自然环境的严格约束（尹兆正等，2000）。草原除承担畜牧生产功能外，兼具重要的生态保护功能。新疆和内蒙古作为我国畜牧养殖业大省，2017年新疆畜牧业总产值达到686.95亿元，占据农林牧渔总产值的22.49%，内蒙古畜牧业产值达到1160.9亿元，占农牧业产值的42.2%，高于全国平均水平12个百分点。草原畜牧业生产作为连接草原生态保护、居民畜产品需求的纽带，在提高牧民收入、推进畜牧业发展和满足市场需求方面起到了关键作用（孟晓娴，2013）。畜牧业生产成本收益直接影响着牧民的收入水平，成本收益的异常波动既不利于畜牧市场发展，也不利于草场生态环境建设。目前，学界多聚焦于草场流转、生态补偿与牧民收入等方面的研究（郭晓鸣等，2016），对畜牧业生产成本的结构性变化缺少关注。

从产品畜总成本的统计数据看，2001~2016年新疆和内蒙古养殖总成本整体呈现上升趋势，内蒙古的整体上升幅度更大（见图3-3a）。其中新疆从2001年的86.7元增加到2016年的846.0元，增长9.8倍，年均增长率16.40%。内蒙古从2001年的221.5元增加到2016年的3064.8元，增长12.8倍，年均增长率19.14%。期间2001~2008年新疆和内蒙古的增幅相对稳定，2009~2012年间的增幅显著，2012~2016年新疆和内蒙古每头牛的总成本出现不同的波动情况，其中内蒙古的总成本波动状况更复杂。分阶段看：2001~2010年新疆每头牛总成本从86.7元增加到193.2元，年均增长率9.31%；2011~2012年总成本显著上涨，由244.7元增加到787.3元，增长3.2倍；2013~2016年总成本的波动相对稳定。同期内蒙古每头牛的总成本从221.5元增加到396.4元，年均增长率6.7%；2010~2012年总成本从531.9元增加到3070.8元，增长了5.8倍，随后2013年又快速下降，但仍超过2600元；2014~2016年基本在3000元以上波动，年均增长率为-3.63%。

相对每头牛的总成本，每只羊的总成本变化较为平缓，统计显示2001~2016年新疆和内蒙古每只羊的总成本整体呈现上升趋势（见图3-3b）。其中新疆每只羊的总成本从2001年的63.1元增加到2016年的314.2元，增长4.98倍，年均增长率11.29%。同期内蒙古每只羊的总成本从68.3元增加到764.9元，增长11.2倍，年均增长率17.47%。分阶段看：2001~2008年，新疆每只羊的总成本从63.1元增加到84.3元，年均增长率4.32%，增长趋势较为平稳；2009~2015

年呈现显著上涨，由 103.89 元增加到 324.3 元，增长 3.1 倍，年均增长率 20.89%。期间内蒙古每只羊总成本也出现剧烈波动，2001～2010 年内蒙古产品羊每只总成本从 68.3 元增加到 179.4 元，年均增长率 11.32%；2011～2012 年总成本以 148.65% 的幅度快速增长，2013～2016 年基本稳定，年均增长率为 4.84%。

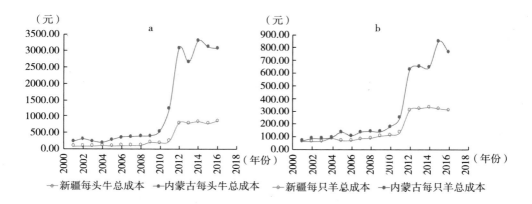

图 3－3　新疆和内蒙古产品畜总成本变化趋势

由图 3－3 清晰观测到 2008 年和 2011 年是总成本异常波动上升的关键节点，综合分析发现 2008～2011 年国家陆续实施的退耕还林还草、草原生态奖补等政策，对超载过牧行为进行了严厉打击，增加了牧民饲草成本。同期受牧区干旱气候的影响，牧草平均长势较差，牧民需要租赁草场或投入大量资金购买饲草，而人工成本的上涨，再次加剧了总成本的上升幅度。以新疆和内蒙古畜牧生产成本收益的历史数据为例，2001～2016 年新疆和内蒙古产品畜总成本呈现快速上升的趋势，同时畜牧养殖收益呈现出整体上先快速上升，后波动下降的轨迹。未来新疆和内蒙古仍将面临畜牧生产成本不断上升的考验。

3.1.3　草原生态保护建设下的草场流转

自推行草原承包经营制度改革起，历经 40 年的发展，无论畜牧经济发展、草场管理，还是生态保护建设均得到加强。"草·畜"家庭承包经营责任制的实施，受到牧民的广泛认可，在全国范围内得以迅速推广。据国家林业与草原局统计，到 2018 年，全国草原承包面积达 43 亿亩，占草原总面积的 73%①。草场承包经营制度的实施，由于忽视了草场生态监管的重要性，导致草场因超载过牧而出现大范围生态退化现象，并引发水土流失、沙尘暴等环境问题。直到引起政府对缓解问题的重视，陆续加强各地区生态保护投入，提高生态环保监督力度，发展绿色生产。草场生态保护建设便是其中一项重要工程，如退耕还林、退耕还草、草畜平衡、禁牧休牧等政策陆续出台，草场生态退化的势头方才初步得到控制。

国家林业和草原局草原管理司副司长刘加文曾指出，十一届三中全会后国家重点强调在草原生态保护背景下，开展草原畜牧业发展规划。具体表现在治理理念的转变，习近平总书记的"两山论"（绿水青山就是金山银山），强化了草原生态系统化治理能力，通过强调绿色发展，推进传统畜牧业的升级转型。与此同时，国家不断加大对草原生态保护建设的投入②，实施重大工程、重大制度，大力推行禁牧休牧、划区轮牧、草畜平衡、基本草原保护等制度。实施退牧还草、生态移民搬迁以及建立草原生态保护的长效机制，草原从生产资料转化为生态资源。在地方政府对产业转移牧民给予资金或技术帮扶下，尤其是对草场流转的大力补贴，推动了全国草场流转市场日趋繁荣。针对部分草原生态极度脆弱区域，通过移民搬迁工程将牧民转移安置或者通过草场流转的形式，借助市场的手段重新配置草场资源，对发展适度规模的草原放牧管理具有重要意义。实践证明，国家草原生态保护的持续投入过程中，牧民草场流转在优化区域资源配置、转移草原畜牧生产压力、推动牧区经济社会发展等诸多方面均发挥出巨大作用。诚然，我国草原生态逐渐实现草场生态退化由局部改善到总体改善的关键转变，但依旧面临巨大挑战，如草场流转的进一步发展是否会引发草场退化、拉大牧民贫富差距等新的社会问题。

3.1.4 非营利性的草场流转

不以利润为目的亲戚邻友之间流转草场，在牧区草场流转之中也占有一定比例。牧区调研发现，在部分乡村或嘎查存在将自己承包草场流转给自家亲戚或邻居朋友，大多不收取任何费用，多以在重要节庆期间赠予 1 只或 2 只羊作为感

① 资料来源：http://www.forestry.gov.cn/main/5501/20181221/145649434460766.html。
② 资料来源：2011～2018 年国家对牧民的补助奖励资金达 1300 多亿元；"十二五"以来，我国仅草原生态建设工程项目的中央投资就超过 400 亿元；退牧还草工程从 2003 年开始实施，到 2018 年中央已累计投入资金近 300 亿元。

谢。进一步访谈发现，这部分牧民的周围也有其他牧民打算以市场价格租赁其草场，但是由于亲戚或朋友经营畜牧也正需要更大规模的草场，鉴于家族亲情关系，多数牧民首先将草场转给亲戚或朋友使用。如果索要流转费，会伤害家族之间的感情。同时，针对原本不打算依靠出租草场获取收益的牧区，其将草场转移给亲戚或朋友使用，主要是保障以后自己再打算经营畜牧业的时候，随时可以获得草场。也有一部分牧民表示，不出租草场是为了避免以后草场被国家征收补偿安置的时候与其他人产生纠纷。给自家亲戚或朋友使用草场，虽说没有多少收益，但是既可以维持亲情，又可以保证草场不会被过度利用。

换言之，这类牧民不愿意市场化流转的原因，主要归于其对草场市场化流转缺乏保障。认为市场化流转的可控性，弱于同亲戚、朋友之间的流转。也反映出，针对目前草场流转过程中出现的风险，基层组织缺乏风险管理，草场市场化流转的基本保障机制不健全。

3.2 调研区经济社会概况及中国草地资源分布

3.2.1 调研区经济社会概况

（1）人口特征。对调研区整体经济社会的统计分析显示，内蒙古全区的牧业人口总数显著高于新疆（见图3-4a），但新疆的户均人口数稍微高于内蒙古（见图3-4b）。从人口的整体波动趋势看，1998年内蒙古全区牧业人口数为190万人，随后人口数据逐渐下降，到2012年后基本稳定在150万人的水平。2013年内蒙古牧业县的牧业人口是152.9万人，是新疆牧业县牧业人口的3.3倍（见图3-4a）。随后受牧区大力推进城镇化建设的政策影响，2014年内蒙古牧业县的牧业人口已降至75.8万人，但仍是新疆的1.5倍。同期新疆全区的牧业人口总数的波动相对较为平稳，由1998年的42.31万人逐渐波动增长到2011年的48万人，在随后的时间内也基本处于稳定水平（见图3-4a）。

从新疆和内蒙古户均牧业人口数看，新疆和内蒙古的户均牧业人口数量均呈现出波动下降的趋势，但新疆相对具有一定优势。截止到2015年，内蒙古全区户均牧业人口数量为3.0人，新疆为4.1人，表明新疆牧民家庭人口劳动力相对丰富（见图3-4b）。

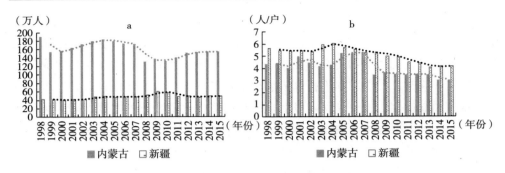

图 3 - 4　新疆和内蒙古牧业人口状况

（2）经济收入。从新疆和内蒙古人均收入和户均牧业收入看，存在较大差异。2015 年内蒙古农牧民人均收入是 10566 元，高于新疆农牧民人均收入（8765 元）1801 元（见图 3 - 5a）。从城镇居民人均收入差异来看，2015 年内蒙古的城镇居民人均收入达到 30190 元，新疆城镇居民的人均收入为 24767 元，内蒙古城镇居民高出新疆城镇居民人均收入 5423 元（见图 3 - 5b）。从整体波动趋势分析，自 2003 年得益于国家一系列退牧还草、生态补偿等草原生态建设工程的陆续实施，新疆和内蒙古无论人均收入，还是户均收入均呈现出快速增长的趋势。虽然从收入总量上看，新疆低于内蒙古，但人均收入方面却表现出较大优势。

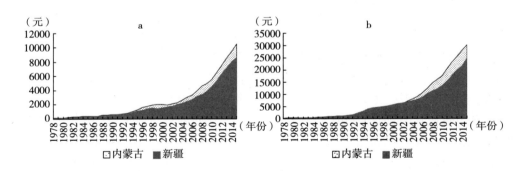

图 3 - 5　新疆和内蒙古人均收入状况

从同期牧业收入来看，内蒙古牧业县的户均牧业收入是 20296 元，低于新疆5119 元，主要原因是新疆和内蒙古牛羊成本收益表现出较大差异（见图 3 - 6）。新疆和内蒙古牲畜纯利润均呈现出不断下降的趋势，内蒙古牛、羊的纯利润从2010 年出现下降趋势，新疆于 2011 年呈现下降趋势，但内蒙古相对新疆的下降趋势更为显著，到 2015 年新疆每头牛的纯利润是 1155 元/头，内蒙古每头牛的纯利润已降至 -288 元/头（见图 3-6b）。整体而言，2001~2010 年新疆牛、羊的养殖优势并不显著，2011~2015 年这一优势逐渐显现。整体而言，内蒙古社会经济发展水平和草场总体资源禀赋相对高于新疆，但户均资源占有量的差异特征并不明显。因此选择新疆和内蒙古为研究区域，比较生态约束下牧民草场流转对牧业收入、放牧牲畜结构与城镇居民工资性收入的影响差异，具有较好的可比性和典型性。

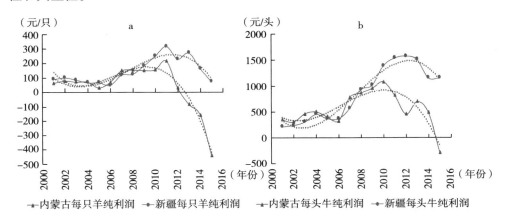

图3-6 新疆和内蒙古牧业县牲畜生产收益状况

（3）草场资源与牲畜存栏量。新疆和内蒙古的草场面积分列我国第二和第三位，共占全国草场面积的 38.87%，但从草场资源总量和牲畜存栏量来看，内蒙古相对新疆具有一定的优势。根据中国统计局的数据显示，自 2008 年以来，新疆和内蒙古的草场面积基本稳定，且内蒙古草场总面积要显著高于新疆，其草场面积分别为 8800 万公顷和 5111.4 万公顷，即内蒙古草原面积是新疆的 1.7 倍。

从主要牲畜存栏量来看，内蒙古的牛、羊存栏量显著高于新疆（见图 3-7）。从图 3-7a 可以看出，在 2013 年之前内蒙古的牛存栏量一直处于快速波动上升阶段，由最低时期的 156 万头增至 335 万头。2014 年后受到国家严格的草原生态监管后，存栏量迅速下降，到 2015 年已经降至 176 万头。同期新疆的牛存栏量，一直处于相对稳定的水平。最高时期是在 2010 年，达到 162 万头的存栏量。从羊的存栏量来看，内蒙古则长期显著高于新疆的羊存栏量（见图 3-7b）。从户均存栏量看，2015 年内蒙古牧业县牧民户均牛、羊存栏量分别是 6.7 头和

91.0 只，新疆牧业县户均牛、羊存栏量分别是 11.3 头和 62.7 只。

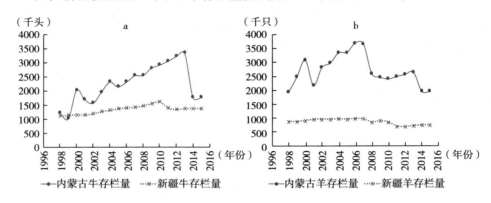

图 3-7　调研区牛、羊存栏量

3.2.2　主要草地资源分布

中国是毋庸置疑的草地资源大国，据国家生态环境部统计，我国拥有草原面积近 4 亿公顷，约占国土面积的 41.7%，仅次于澳大利亚位居世界第二（李先东，2019），约占全球草地面积的 13%，大约是耕地面积的 3.2 倍、森林面积的 2.5 倍。全国草原综合植被盖度为 55.3%①。辽阔的地域分布形成横跨热带、亚热带、暖温带、中温带和寒温带 5 个气候热量带的草地类型，还拥有世界上面积最大的高寒草地，共划分为 18 个大类、53 个组、824 个草地类型。

从全国行政区划分布来看，80% 以上的草地资源分布在北方省份或自治区。西藏自治区草地面积位居第一，达到 82052 千公顷，占该地区总面积的 68.1%。其中可利用草地面积为 70847 千公顷，占全国可利用草地面积的 21.41%，人均草地资源占有量达到 2.84 公顷，理论载畜量 27082 千只羊/年。

内蒙古的草地面积位居全国第二，达到 78804 千公顷，占内蒙古总面积的 68.81%。其中可利用草地面积 63591 千公顷，占全国可利用草地面积的比重为 19.21%，其人均草地资源占有量为 2.67 公顷，理论载畜量 44202 千只羊/年。

新疆的草地面积位居全国第三，面积为 57259 千公顷，占本区土地总面积的 34.68%。其中拥有可利用的草地面积达到 48007 千公顷，占全国可利用草地面积的 14.51%，而人均草地资源占有量超过内蒙古和西藏，高达 2.93 公顷，理论

---

① 资料来源：国家生态环境部网站 http://www.mee.gov.cn/hjzl/zghjzkgb/lnzghjzkgb/。

载畜量为 32249 千只羊/年。而剩余主要省、自治区的草地资源总量超过 5206 千公顷，由大到小依次为：青海、四川、甘肃、云南、广西、黑龙江、湖南、湖北、吉林、陕西等，详细数据见表 3 - 1。

表 3 - 1   中国草地资源主要分布状况

省份	总面积（千公顷）	可利用面积（千公顷）	理论载畜量（千只羊/年）	分布主要草地类型
西藏	82052	70847	27082	温性草甸草原类、温性草原类、温性荒漠草原类、高寒草甸草原类、高寒草原类、温性荒漠类、高寒荒漠类、暖性草丛类、暖性灌草丛类、热性草丛类、热性灌草丛类、低地草甸类、山地草甸类、高寒草甸类、沼泽类等
内蒙古	78804	63591	44202	温性草甸草原类、温性草原类、温性荒漠草原类、温性草原化荒漠类、温性荒漠类、低地草甸类、山地草甸类、沼泽类、零星草地等
新疆	57259	48007	32249	温性草甸草原类、温性草原类、温性荒漠草原类、高寒草原类、高寒荒漠草原类、温性荒漠类、高寒荒漠类、低地草甸类、山地草甸类、高寒草甸类、沼泽类等
青海	36370	31531	29004	温性草甸草原类、温性草原类、温性荒漠草原类、高寒草甸草原类、高寒草原类、温性荒漠类、高寒荒漠类、低地草甸类、山地草甸类、高寒草甸类、零星草地等
四川	22539	19620	54351	暖性草丛类、暖性灌草丛类、热性草丛类、热性灌草丛类、干热稀树灌草丛类、低地草甸类、山地草甸类、高寒草甸类、沼泽类、零星草地等
甘肃	17904	16072	11041	温性草甸草原类、温性草原类、温性荒漠草原类、高寒荒漠草原类、温性草原化荒漠类、温性荒漠类、暖性灌草丛类、低地草甸类、山地草甸类等
云南	15308	11926	31081	暖性草丛类、暖性灌草丛类、热性草丛类、热性灌草丛类、干热稀树灌草丛类、山地草甸类、沼泽类等
广西	8698	6500	25720	热性草丛类、热性灌草丛类、低地草甸类、零星草地等
黑龙江	7532	6082	19264	温性草甸草原类、温性草原类、山地草甸类、沼泽类等
湖南	6373	5666	23234	暖性草丛类、暖性灌草丛类、热性草丛类、热性灌草丛类、低地草甸类、零星草地等
湖北	6352	5072	18061	暖性草丛类、暖性灌草丛类、热性草丛类、热性灌草丛类、低地草甸类、山地草甸类、零星草地等

续表

省份	总面积 （千公顷）	可利用面积 （千公顷）	理论载畜量 （千只羊/年）	分布主要草地类型
吉林	5842	4379	11107	温性草甸草原类、温性草原类、低地草甸类、山地草甸类、沼泽类、零星草地等
陕西	5206	4349	9030	温性草甸草原类、温性草原类、暖性草丛类、暖性灌草丛类、热性草丛类、低地草甸类、山地草甸类、沼泽类

3.3 调研样本的基本特征分析

3.3.1 调研样本的个体特征分析

从调研样本的年龄结构分析，牧民年龄主要分布在 35～60 岁之间，其中相对集中在 45 岁左右。访谈样本中，牧民年龄最小的仅为 20 岁，年龄最大的高达 85 岁（见图 3-8）。从侧面表明，畜牧业生产在年龄方面呈现出宽泛性，涵盖各个年龄段群体。

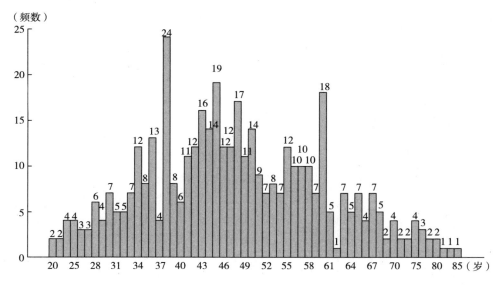

图 3-8 调研样本年龄结构分布

从调研样本牧户的健康情况看，牧民家庭健康状况处于较差、一般、较好和良好的频数依次为 150、85、67 和 125（见图 3-9）。在问卷设计时，对健康程度的定义主要依据家庭医疗支出，家庭医疗支出大于 2001 元为较差 =1，1001～2000 元为一般 =2，301～1000 元为较好 =3，300 元及以下为良好 =4。

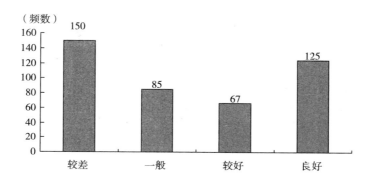

图 3-9　调研样本身体健康情况

从调研样本的文化程度看，牧民的文化程度普遍较低。具体而言，小学及以下的频数高达 171、初中为 177，文化程度为高中和大专及以上的仅为 79（见图 3-10）。由此可知，未来针对牧民教育成为推动牧区经济发展的重要方面。如何依据牧区这一现状，制定有效的专项技术培育成为发展现代畜牧的难点之一。

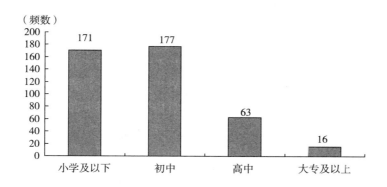

图 3-10　调研样本文化程度情况

除高龄牧民的文化程度受到关注外，其子女的常规教育对牧区未来一段时期内的社会经济发展也有巨大影响。从调研数据看，家庭无上学子女数量的频数为

47，家庭中有1人上学的频数为86，有2人和3人的频数分别为163、99（详见图3－11）。从牧民家庭子女就学率的统计数据可以看出，在国家不断加强义务教育的过程中，牧民让子女接受正规教育的意识得到显著提升。

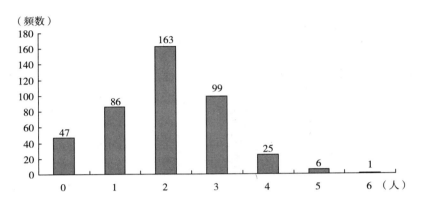

图3－11　调研样本家庭上学子女数量

3.3.2　牧民草场流转认知情况分析

牧民对草场所有权的认知。由调研样本统计显示，牧民认为草场所有权归属于国家的样本达到324份，占总样本的比重为75.88%，排在第一位。认为草场所有权归属于牧民自己的样本为70份，占总样本的比重为16.39%，排在第二位。认为草场应该归属于乡镇集体的样本有24份，占总样本比重的5.62%，排在第三位。认为草场所有权是属于村（嘎查）集体所有的样本最少，仅为9份，比重为2.11%（见图3－12）。由此看出，牧民普遍对草场所有权具有较为清晰的认知，也从侧面反映出基层政府对国家法律法规宣贯工作取得了一定成效。尤其在近年来，国家对草场确权颁证工作的推进，使广大牧民对草场所有权归属有了清晰的认知。同时，为进一步推进草场经营权流转奠定了坚实的基础。

牧民对草场承包经营年限的认知。自20世纪80年代牧区推行草原和牲畜双承包经营制度以后，牧民逐渐意识到草场承包具有时间限制。经过30多年的发展，草场承包期限也在不断延长。例如新疆和内蒙古的最早时期的草原承包合作中对时间的限定，既有50年，也有70年的规定，少数地区还有15年或者30年的规定。同时，草场承包合同期限也随着国家土地承包期限的延长而得到延长。在对牧民关于草场承包期限的意愿合同期限的调研中，有97份样本选择30年，占总样本量的 22.72%。选择永久不变的样本有 105 份，占总样本量的 24.59%。选择 50 年为合同周期的样本量最多，占总样本量的 52.69%（见图 3-13）。由此可知，50 年的草场承包合同期限对于大多数牧民来说，具有较高的认可度。2018 年，国务院公布在土地承包期限到期后将再继续延长 30 年。可以推断，未来草场承包期限也将继续延长。因此，从长期来看，草场的实际"所有者"基本等同于牧民所有。即，在法律规定的范围内，可以自主决策草场经营权的市场化流转。

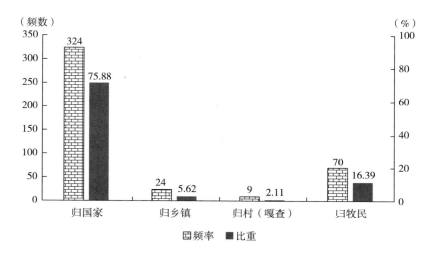

图 3-12 牧民对草场所有权的认知

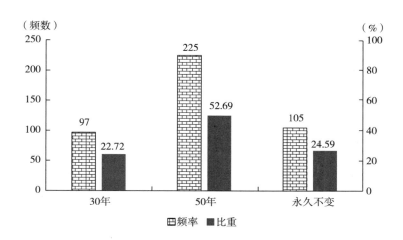

图 3-13 牧民对草场承包经营制度年限的认知

牧民对草场流转的驱动力认知。从访谈问卷关于"哪个群体对推动草场流转的作用最大"的统计结果来看，选择村干部的样本为 150 份，占总样本量的比重为 35.13%。选择村里能人的样本为 110 份，主要是指相对比较勤劳、善于草场经营的牧民，占总样本量的比重为 25.76%。选择"牧民自己"的样本量仅次于"村里能人"，其占样本总量的比重是 25.53%。选择"上级领导"和"村里能人与村干部"的样本量分别是 41 份、17 份，比重为 9.6% 和 3.98%（见图 3－14）。由此也表明，基层村干部在草场管理和草场流转中起到重要作用。对一般牧民而言，对国家草原管理政策的获取基本来自于村干部的宣讲，因此村干部对推动牧民草场流转具有显著作用。

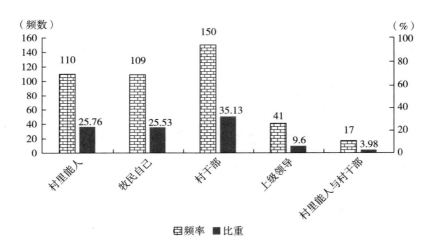

图 3－14　牧民对草场流转驱动力的认知

3.3.3　流转草场特征与价格

调研发现牧民普遍拥有 2 块以上的放牧草场，最少的仅有 1 块草场，最多的则有 6 块草场，平均拥有 2.5 块草场。从承包经营的草场规模看，面积最小的仅为 30 亩，最多的则高达 14000 亩，平均有 2756 亩。从转入草场面积看，最小的仅转入 20 亩草场，一般是打草场，专门用于收割牧场储备到冬天饲喂牲畜。而最大转入草场面积达到 20000 亩，平均承包经营 3088 亩草场。对应转出草场来看，最小的仅为 26 亩，最大的则有 10000 亩，平均转出草场面积为 2400 亩（见表 3－2）。

表 3-2 调研样本流转草场状况

	最小值	最大值	均值
草场块数	1	6	2.4556
草场规模	30	14000	2756.09
转入面积	20	20000	3088.64
转出面积	26	10000	2400.27

草场流转价格。从牧区走访调研来看，草场流转主要表现为租赁和交易，此处的流转价格既包括参与草场流转牧民提供的价格，也包含未参与草场流转但是听说的草场流转价格。前者"租赁"很好理解，是草原经营权的流转或者租赁。后者"交易"更像是一次性买断，即草原承包权的流转或买卖。虽然国家禁止草场买卖，但为了发展需要，在部分地区政府管理过程中也默许了这种草场交易。尤其是针对定居以后的牧民，政府给予 10~30 亩不等的耕地供其种植玉米等饲料。但由于牧民不懂得农作物种植技术，起初选择按照 100~300 元/亩不等的价格一次性转让给汉族农民耕种。而在一些旅游景区的草场交易价格，则高达 540 元/亩（见图 3-15）。

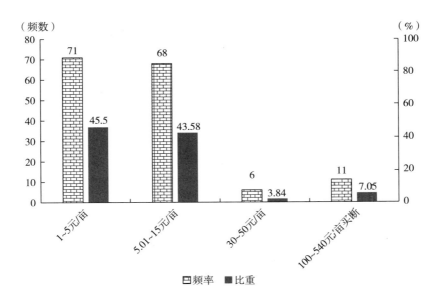

图 3-15 调研样本草场流转价格情况

从一般性草场流转来看，流转价格在 1 ~ 5 元/亩的样本有 71 份，占样本总量的比重是 45.5%。流转价格在 5.01 ~ 15 元/亩的样本有 68 份，比重是 43.58%。而打草场的流转价格相对较高，一般在 30 ~ 50 元/亩，调研样本有 6 份，比重是 3.84%（见图 3 - 15）。从调研信息整理可知，通常情况下的草场流转价格主要取决于转入草场的用途差异，此外草场相对位置偏远、水源不稳定的区域流转价格也相对较低。

3.4 牧民草场流转的现实问题

3.4.1 草场流转信息渠道单一、参与水平较低

从牧民获取草场流转信息的来源与途径分析。通过访谈问卷，获取牧民草场流转信息来源渠道的相关信息，既包括直接参与草场流转的牧民，又包括没有直接参与草场流转但获得草场流转信息的牧民。

从统计结果来看（见图 3 - 16），排在第一位的来自亲朋好友提供相关草场流转信息的样本达到 88 份，占总样本的比重为 37.13%。通过自己主动私下搜寻获取相关草场流转信息的样本排在第二位，样本为 75 份，占总样本的比重为 31.65%。两者兼得获取草场流转信息的样本为 40 份，占总样本的比重为 16.88%。通过各级政府、乡村干部获得有关草场流转信息的样本为 34 份，占总样本的比重为 14.35%。而通过土地流转网，获得草场流转信息的样本为 0 份。进而分析发现，牧民的互联网（电脑）使用程度相对较低，因此通过专业土地流转网发布、获取草场流转信息的牧民相对较少。而手机的普及对加强牧民信息交流具有显著作用，以致通过社会网络，亲朋好友之间的互访走动成为牧区获取草场流转的主要渠道。

进一步对 427 份有效样本草场流转意愿的分析，参与草场流转的样本有 120 份，未参与草场流转的样本有 307 份，分别占总样本的比重为 28% 和 72%，表明调研样本的草场流转参与率低于全国耕地近 30% 的流转水平。具体而言，参与草场转出的样本为 50 份，参与草场转入的样本为 70 份，占总样本的比重分别为 12%、16%，进一步表明草场转入的发生率高于草场转出（见图 3 - 17）。此外，在牧区调研发现，草场转出牧民一般离开牧场，前往其他地区打工、创业等

活动。因此在入户调研时，遇到转出牧民的概率相对也较低。

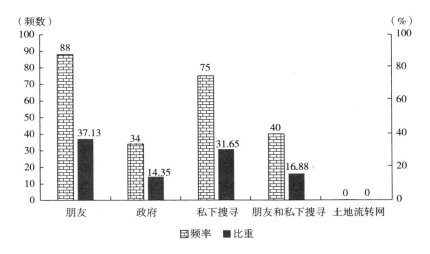

图 3 - 16 牧民获取草场流转信息的渠道情况

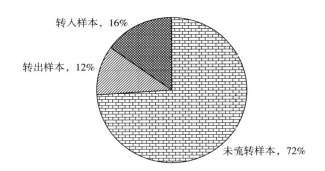

图 3 - 17 牧民参与草场流转情况

3.4.2 牧民草场流转的生态改善感知水平较低

牧民对流转草场改善草场生态环境的感知水平较低。对 427 份有效样本的生态改善感知水平分析，认为流转草场生态环境出现恶化的样本为 60 份，占总样本的比重为 14.06%。认为出现生态退化的样本为 47 份，占总样本的比重为 11%。对流转草场生态环境变化不太清楚的样本为 76 份，占总样本的比重为 17.8%。认为流转草场生态环境改善微小和改善显著的样本分别为 150 份、94

份，分别占总样本的比重为35.13%、22.01%。从各样本的比重来看，有57.14%的牧民认为流转草场的生态环境可以得到改善，有25.06%的牧民认为流转草场的生态环境有退化的可能，剩余17.8%的牧民对此表示不太清楚（见图3-18）。

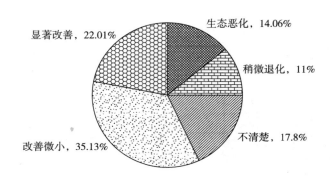

显著改善，22.01%
生态恶化，14.06%
稍微退化，11%
不清楚，17.8%
改善微小，35.13%

图3-18　牧民流转草场生态环境感知情况

针对牧民草场流转改善生态环境的感知水平较低，如何规范草场流转管理，约束草场流转期间草场过度、违法利用的机制设计成为完善草场流转市场建设的关键之一。提高牧民草场流转的生态改善认知，有利于促进草场流转市场和服务业的发展，如草原生态观光、休闲娱乐等服务业。

3.4.3　草场流转拉大牧民收入差距

已有研究表明，草场流转有助于提高牧民收入，但调研发现，不同草场流转类型对牧民收入的影响存在差异。从总收入看（见图3-19），草场转入牧民总收入的均值、极值显著高于草场转出牧民，同时也高于调研总样本（427份）的均值。从牧业收入看，草场转入牧民的牧业收入显著高于草场转出牧民，也高于总样本的平均值。从非牧业收入看，草场转出牧民的非牧业收入相对高于草场转入牧民和总样本的平均值，但这一优势并不明显。

整体来看，草场转入牧民的总收入、牧业收入的最大值和最小值均要高于草场转出牧民，即，草场流转对草场转入牧民的影响更显著。调研还发现，草场流转对牧民收入的影响，受牧民本身资源禀赋的影响。具体表现在，草场流转对不同收入层级牧民的影响程度存在差异。相对于低收入层级牧民，草场转入对高收入层级牧民牧业收入的作用更大，而草场转出对此影响不显著，因此不加控制的草场流转可能会扩大牧民贫富差距。

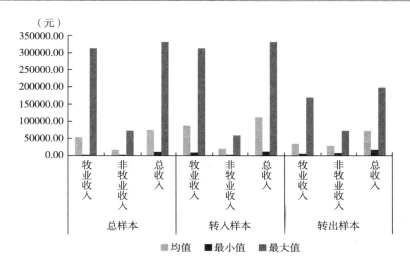

图 3 - 19　牧民流转草场对牧民的收入影响情况

3.4.4　草场流转的双重保障机制尚未形成

牧民草场流转信息获取难是造成牧民参与水平低的原因之一，而最主要的原因是牧民对草场流转的经济效益和生态效益（生态减贫）的担忧。针对草场转出牧民要考虑，草场生态环境是否遭受转入主体过度利用（破坏），以致降低流转到期后草场的生态和生产服务价值。同时，牧民还要考虑草场经营权是否能够按时收回。此外，草场转出牧民的替代生计和社会保障是否稳定，也是决定草场流转市场是否长期稳定发展的关键。从目前对草场流转调研的种种迹象来看，基层政府和牧民逐渐已经意识到，草场流转可能给牧民收入、草场生态带来负面影响的问题。如何完善草场流转市场管理，保障牧民草场流转的财产收入安全以及草场生态安全，成为建立健全双重保障型草场市场化流转的重要问题。正是由于草场流转的双重保障机制尚未形成，才导致牧民草场流转的交易成本上升、参与水平不高以及对草场流转的生态减贫效应感知不显著等问题。

3.5　本章小结

本章首先阐述了土地（草地）制度变迁、畜牧生产成本以及草原生态建设，分析了草场流转的宏观背景；其次通过中国统计局、新疆维吾尔自治区统计局和内蒙古自治区统计局以及国家自然资源部、农业农村部等网站，回顾了我国草地资源分布特征以及新疆、内蒙古经济社会、畜牧业发展情况以及我国草地资源分布等情况；再次通过对 427 份有效调研样本统计，初步分析新疆、内蒙古草场流转样本的个体特征，如样本的年龄、健康状况以及文化程度等基本信息的描述性分析；最后从草场流转信息渠道、参与水平以及牧民对草场流转的生态改善认知、草场流转的收入效应分析草场流转中存在的突出问题。分析指出，草场流转受到草场承包经营制度变迁、畜牧生产以及草原生态建设等宏观因素的影响，导致牧民草场流转呈现出多样化的特征。但草场流转市场尚未建立完善的财产收入保障、草场生态保障机制，预防或降低草场流转可能出现的失地风险。

第4章　牧民草场流转行为分析

基于第 3 章对我国草场资源分布以及调研区草场流转现状等整体环境的分析，第 4 章将继续按照理论研究框架设计，重点讨论牧民草场流转行为。基于第 1 章的研究设计和第 2 章的理论基础，从路径依赖探讨牧民传统游牧生活方式变迁对其草场流转行为的影响。结合新时期城乡协同发展背景，从社会保障、社会信任等方面探讨草场生态保护下，草场流转产业转移行为与其他生态保护行为的差异。

4.1　引言

草原生态系统是中国最大的陆地生态系统，约占国土面积的 41.7%，自 20 世纪 80 年代草原开始出现大范围的退化、沙化现象。据第五次全国荒漠化和沙化监测结果显示，2014 年全国荒漠化和沙化土地面积分别高达 2.6 亿公顷和 1.7 亿公顷。为改善草原生态环境，2003 ~ 2015 年中央草原生态环境建设累计投入超过 1000 亿元，草原生态环境持续恶化的势头得到了遏制，局部牧区的草地生态功能得到了改善，但整体仍然较为脆弱，草原生态安全依旧是国家生态安全的薄弱环节（韩长斌，2016；李先东，2019）。如何有效治理草原生态环境是解决国家生态安全薄弱环节的关键，而草原生态治理属于世界难题。近年来，有学者指出草场流转有助于扩大牧民草场规模、降低草场压力，从而起到改善草原生态环境的作用（胡振通等，2014）。在有关草场生态保护的研究中，学者将草场流转作为生态环境保护的方式之一（李惠梅等，2012）。同时，草场流转对提高牧民收入、调整生计策略也表现出了积极作用（张引弟等，2010；赖玉珮等，

2012；王昌海，2014）。

　　针对新疆和内蒙古主要牧业旗县的调研显示，有近90%的牧民认为家庭承包草场面积难以满足家庭畜牧养殖的需要，草场转入需求强烈。然而与之相对应的是，牧民草场转出市场供给相对稀缺。从调研数据来看，有28%左右的牧民打算参与草场转出行为。因此，针对牧民草场转出行为的研究对调整牧民家庭草场资源二次配置、发展规模化畜牧养殖更具意义。鉴于此，本章聚焦牧民草场转出行为，首先，分别从游牧变迁、社会分化探析牧民生计方式转变对其草场转出的影响。其次，分别基于社会保障、社会信任视角，探析以草场生态保护为前提，牧民通过草场流转、产业转移的意愿程度，同时减少畜养牲畜数量、增加牲畜圈养时间等方式，比较牧民选择不同生态保护方式的影响差异。最后，为优化草场资源管理政策的制定提供依据。

4.2　游牧变迁、社会分化对牧民草场流转的影响

　　马倩（2003）对青海省草场流转的调研显示，2002年青海省草场流转面积约占全省面积的2.35%。张引弟（2008）对内蒙古的统计表明，巴彦淖尔市草场流转面积是30.59万公顷，流转牧户1222户约占全市牧户的7.5%。谭仲春、谭淑豪（2018）的调研显示，呼伦贝尔市和锡林郭勒盟的草场流转发生率为47%，预测未来牧民草场流转的发生率仍将进一步提高。草场流转率不断提升的背后，是牧民进城务工、产业转移等生计策略的转变，具体表现在牧民家庭收入结构和劳动力结构逐渐呈现出明显的分化特征。调研数据显示，新疆和内蒙古的牧民草场流转率虽有所提高，但仍处于较低水平。与此同时，笔者调研发现，有超过60%离开草原进城务工的牧民没有转出草场的意愿，而留守草原、经营畜牧的牧民有意向转出草场的比例约为30%。牧民草场转出意愿低，不利于降低草场细碎化经营风险，也不利于缓解超载过牧对草场生态退化的影响。因此，提高草场流转率是牧区实现草原畜牧业规模经营的重要途径之一。在控制草场流转价格的基础上，基于牧民生产生活方式的转变视角，影响牧民草场流转意愿的关键因素是什么？对进一步促进草场流转市场发展具有积极作用。为此，本节内容从牧民游牧生产特征、分化程度等因素，探析边疆少数民族牧民草场流转意愿及

差异，为提高草场流转、增加牧民收入和促进牧区发展政策的制定提供参考。

4.2.1　理论分析与假设

游牧变迁是牧区民族文化发展演变的重要过程，对土地市场发展的影响，尚未得到足够的重视，多是粗糙、含糊地认为文化背景可能会对农牧民土地流转行为造成影响，缺少相对细致、有针对性的研究。近年来，文化背景在农业经济管理相关课题的研究中不断受到关注，Chi 等（2013）指出民族文化特征、土地利用程度是开放土地市场发展的重要驱动力，"种族"因素的重要性可以解释为生活在流域内的少数民族的经济行为、农业实践和传统风俗的差异，并形成不同发展程度的土地市场（Chi，Rompaey，Govers et al.，2013）。牧民长期游牧历史形成相对固定的生产合作方式，如牧民草原放牧，需要在相对固定的时间范围内进行转场游牧，保障草场生态的自然恢复。再如遭遇草原旱灾、鼠害等灾情，牧民有自发互助共渡难关的传统。日常畜牧管理中，牧民也有协助完成打草、转场、剪羊毛的传统。2008 年后，政府开始实施牧民定居工程，牧民由游牧向定居的转变，畜牧生产方式发生了巨大变化，生计方式变得丰富多样。部分牧民进城就业、子女进城上学，对草场的生计依赖不同程度下降，进而出现草场流转的现象。

基于此，提出假设 1：游牧变迁（游牧方式变迁和游牧互助变迁）显著影响牧民草场转出意愿。

农民分化被认为是土地制度创新（李鹏程，2017）和社会经济发展（许恒周、石淑芹，2012）过程中生产分工自然演变的结果，也是影响土地流转市场化发展的重要因素。聂建亮、钟涨宝（2014）用农户非农劳动力占劳动力总数比重和农户人均年纯收入水平分别表征农民水平、垂直分化程度，并指出分化程度对农民土地转入、转出的差异化影响显著。伴随着牧区经济结构的升级转型，牧民家庭收入结构和劳动力配置结构不断发生变迁，牧民分化趋势日益显著。牧民收入结构的变化意味着牧民主营业务的变化，而牧民的精力有限，如果牧民将主要精力放在其他经营上，那么投入到畜牧生产的精力势必消减。牧民牧业收入占总收入的比重越高，对草场的依赖程度也越高，而转出草场的可能性就越低。假设牧民家庭草场面积不变的前提下，牧业劳动力比重越高意味着剩余劳动力越丰富，进而要么转入草场的概率增加，要么劳动转移就业的倾向增加，并同时会影响到家庭收入结构的变迁，进而直接或间接影响牧民草场流转决策。

基于此，提出假设 2：牧民分化程度（牧业收入比重和牧业劳动力比重）显著影响牧民转出意愿。

4.2.2 模型选择及变量说明

4.2.2.1 模型选择

数据来源参见"第1章研究方法与数据资料"，此处主要考察游牧变迁和分化程度对牧民草场转出意愿的影响，被解释变量是"牧民转出草场的参与意愿"，属于二值"0，1"变量。二值选择模型较常用的有 Probit 模型和 Logit 模型，由于逻辑分布的累计分布函数有解析式表达式，因而 Logit 模型更为方便，具体模型设置参见"第1章研究方法"。

4.2.2.2 变量选择说明

因变量识别：牧民草场转出意愿。样本涉及新疆和内蒙古2个自治区的14个旗县，经济发展水平相差较大，为排除草场流转价格的影响，特在问卷中强调"针对目前草场流转价格，您近期或未来是否愿意转出草场？"回答"愿意"，记为"1"，回答"不愿意"，记为"0"。样本统计显示，有近31%的牧民有转出草场的意愿。

核心自变量识别：游牧变迁。尝试采用因子分析方法从牧民放牧年限、是否游牧、是否希望子女继续放牧和牧民邻里关系、合作意愿等7个指标提取公因子，表征游牧变迁对草场流转的影响（见表4-1）。借助 SPSS 软件对以上7个指标进行因子分析，用主成分分析方法提取公因子，测量题项的 KMO 值为0.676，Bartlett 球形检验通过1%的显著性水平检验。表4-2是游牧变迁因素分析解释总方差量表，提取特征值大于1的2个主要因素，分别可以解释35.33%和28.16%的变量变异，合计达到63.49%。

表4-1　游牧变迁识别

维度	题项含义及赋值
游牧方式变迁	1. 畜牧年限：十年以上=1，十年以下=0
	2. 是否游牧：是=1，否=0
	3. 是否希望子女继续放牧：是=1，否=0
游牧互助变迁	1. 是否因牛羊越界与邻居发生口角：非常频繁（1周1次）=1，比较频繁（1月1次）=2，一般（3月1次）=3，偶尔（6月1次）=4，未争吵=5
	2. 是否愿意与牧民合作放牧、打草等畜牧生产：非常不愿意=1，不太愿意=2，不清楚=3，比较愿意=4，非常愿意=5

维度	题项含义及赋值
游牧互助变迁	3. 如果邻居草场突遇灾害，是否愿意让其在自家草场放牧：非常不愿意 = 1，不太愿意 = 2，不清楚 = 3，比较愿意 = 4，非常愿意 = 5
	4. 如果您草场突遇灾害，您觉得邻居是否愿意让您在他家草场放牧：非常不愿意 = 1，不太愿意 = 2，不清楚 = 3，比较愿意 = 4，非常愿意 = 5

表4-2 游牧变迁因素分析解释总方差

成分	初始特征值			提取载荷平方和			旋转载荷平方和		
	总计	方差百分比	累积%	总计	方差百分比	累积%	总计	方差百分比	累积%
1	2.473	35.330	35.330	2.473	35.330	35.330	2.454	35.062	35.062
2	1.971	28.160	63.490	1.971	28.160	63.490	1.990	28.428	63.490
3	0.693	9.902	73.392	—	—	—	—	—	—
4	0.636	9.084	82.476	—	—	—	—	—	—
5	0.614	8.765	91.241	—	—	—	—	—	—
6	0.323	4.613	95.854	—	—	—	—	—	—
7	0.290	4.146	100.000	—	—	—	—	—	—

对其进行最大方差转轴后，2个主要因素相对位置和累计方差贡献率总和均未发生改变。从旋转后的成分矩阵中提取成分大于0.7的因子，将放牧年限、是否游牧、是否希望子女继续放牧构成因素一：游牧方式变迁。将牧民邻里关系、合作意愿等构成因素二：游牧互助变迁（见表4-1）。

牧民分化的识别。借鉴许恒周等（2012）和聂建亮、钟涨宝（2014）关于农民分化的研究，本书从牧民家庭牧业收入比重和家庭牧业劳动力比重识别牧民分化的特征。牧民收入分化的表征，依据牧民畜牧收入占总收入的比重划分，牧业收入比重在0%~20%的牧户为非牧户，21%~80%的牧户为兼业牧户，牧业收入占家庭收入比重在80%以上为纯牧户，分别用"1 = 非牧户""2 = 兼业牧户"和"3 = 纯牧户"表征。牧民劳动力分化，用牧民家庭牧业劳动力数量比重的实际测算值进行表征。

控制变量：选取样本个体的人口特征，性别、年龄、民族、受教育程度；家庭特征，家庭成员健康程度、家庭成员是否有村及村以上公职人员、家庭供水和供电状况；畜牧生产特征，畜牧固定资产、饲养牲畜羊单位和畜牧经营前景的预期等变量作为控制变量（见表4－3）。可以看出样本中男性比例较高，达到92%，健康状况较好，样本的平均年龄分布在41～60岁，家庭承包草场的供电状况相对好于供水状况。牧民家庭的畜牧资产基本分布在2万～5万元，牲畜数量分布在200～500只羊单位。从牧民对经营草原畜牧业的前景预期来看，对经营前景拥有较好的预期（见表4－3）。由于研究的调研时间跨度大，受写作顺序的影响，本小节的实证分析数据源于调研回收的427份有效样本。

表4－3　主要变量含义及描述性统计

变量类型	变量名	赋值及含义	平均值	标准差
因变量	转出意愿	是否有转出草场的意愿：有＝1，无＝0	0.31	0.464
核心自变量	游牧变迁	游牧方式变迁：因子分析提取	—	—
		游牧互助变迁：因子分析提取	—	—
	分化程度	非牧户＝1，兼业牧户＝2，纯牧户＝3	1.81	0.652
		牧业劳动力比：实际测量值	0.81	0.189
控制变量	个体特征	性别：男＝1，女＝0	0.77	0.419
		年龄：20～40岁＝1，41～60岁＝2，60岁以上＝3	1.78	0.654
		是否是少数民族牧民：是＝1，否＝0	0.92	0.268
		教育程度：小学＝1（EDU1），初中＝2（EDU2），高中＝3（EDU3），大学及以上＝4	2.01	0.865
	家庭特征	健康状况：是否较差，是＝1，否＝0	0.27	0.446
		家庭是否有村及村以上公职人员：有＝1，无＝0	0.12	0.327
		供水状况：很差＝1，较差＝2，一般＝3，较好＝4，很好＝5	3.59	1.446
		供电状况：很差＝1，较差＝2，一般＝3，较好＝4，很好＝5	3.65	1.470
	畜牧生产特征	畜牧资产：0～1万元＝1，1.01万～2万元＝2，2.01万～5万元＝3，5万元以上＝4	2.75	0.847
		牲畜数量†：0～200只＝1，201～500只＝2，500只以上＝3	1.75	0.739
		畜牧前景：很不乐观＝1，不乐观＝2，一般＝3，较乐观＝4，很乐观＝5	4.28	0.744

注：†标准羊单位的换算方法为1只绵羊相当于1只标准羊，1头牛相当于5只标准羊，1匹马相当于5只标准羊，1匹骆驼相当于7只标准羊。

4.2.3　模型估计结果分析

通过多重共线性检验后，第一步引入控制变量，第二步在引入控制变量的基础上，再引入核心自变量一（游牧方式变迁、游牧互助变迁），第三步基于第一步的基础引入核心自变量二（牧业收入比重、牧业劳动力比重），第四步将控制变量和核心自变量等同时引入过程进行估计，Binary Logit 模型估计结果见表 4 -4。回归结果显示，在分别引入核心自变量进行估计后，"牲畜数量"解释变量的显著性水平得到提升。方程 1、方程 2、方程 3 和方程 4 的"-2 对数似然值"由 392.815 变为 322.300，呈现递减趋势；"Nagelkerke R²"由 0.407 变为 0.556，呈现递增趋势，表明模型的拟合度得到提高，表现出较好的模型稳健性（见表 4 -4）。

表 4 -4　Binary Logit 模型估计结果

变量名		方程 1		方程 2		方程 3		方程 4	
		B	Exp（B）	B	Exp（B）	B	Exp（B）	B	Exp（B）
性别		0.961 *** （0.289）	2.615	1.011 *** （0.296）	2.749	0.983 *** （0.322）	2.671	1.087 *** （0.330）	2.964
民族		0.407 （0.562）	1.502	0.358 （0.562）	1.430	0.089 （0.737）	1.093	0.216 （0.757）	1.241
年龄	20 ~ 40 岁	1.665 *** （0.575）	5.288	1.672 *** （0.601）	5.324	1.197 ** （0.600）	3.310	1.164 ** （0.630）	3.201
	41 ~ 60 岁	2.271 *** （0.523）	9.688	2.259 *** （0.544）	9.576	1.914 *** （0.537）	6.778	1.844 *** （0.561）	6.321
教育 程度	小学	-0.556 （0.741）	0.574	-0.063 （0.745）	0.939	-0.783 （0.782）	0.457	-0.073 （0.815）	0.929
	初中	-0.864 （0.716）	0.421	-0.367 （0.720）	0.693	-0.903 （0.754）	0.403	-0.193 （0.788）	0.825
	高中	-0.374 （0.736）	0.688	-0.011 （0.736）	0.989	-0.507 （0.770）	0.602	0.091 （0.799）	1.095
家庭背景		1.562 *** （0.395）	4.769	1.514 *** （0.415）	4.545	1.656 *** （0.427）	5.236	1.587 *** （0.452）	4.889
健康程度		-1.144 *** （0.407）	0.318	-1.154 *** （0.419）	0.315	-1.332 *** （0.463）	0.264	-1.288 *** （0.481）	0.276
供水状况		0.139 （0.316）	1.150	-0.011 （0.319）	0.989	0.067 （0.344）	1.070	-0.033 （0.344）	0.968
供电状况		0.614 ** （0.317）	1.848	0.693 ** （0.320）	2.001	0.649 ** （0.342）	1.914	0.664 ** （0.340）	1.943

续表

变量名	方程 1		方程 2		方程 3		方程 4	
	B	Exp（B）	B	Exp（B）	B	Exp（B）	B	Exp（B）
畜牧资产	−0.465** (0.182)	0.628	−0.413** (0.181)	0.662	−0.409** (0.195)	0.664	−0.379** (0.192)	0.685
牲畜数量	−0.448** (0.195)	0.639	−0.576*** (0.204)	0.562	−4.268*** (1.071)	0.014	−4.452*** (1.073)	0.012
畜牧前景	−0.138 (0.172)	0.871	−0.016 (0.182)	0.984	−0.281 (0.187)	0.755	−0.148 (0.196)	0.862
游牧方式 变迁	—	—	−0.360*** (0.135)	0.698	—	—	−0.400*** (0.147)	0.670
游牧互助 变迁	—	—	−0.229** (0.133)	0.795	—	—	−0.247** (0.146)	0.781
牧业收入 比重	—	—	—	—	−4.531*** (1.092)	0.011	−4.590*** (1.093)	0.010
牧业劳动 力比重	—	—	—	—	−1.991*** (0.700)	0.137	−2.176*** (0.720)	0.113
常量	−2.732** (1.462)	0.065	−3.282** (1.488)	0.038	−1.896* 1.430	0.15	−3.152** 1.507	0.043
卡方	149.124***		159.051***		209.443***		219.639***	
−2 对数 似然值	392.815		382.888		332.496		322.300	
Nagelkerke R²	0.407		0.429		0.536		0.556	

注：*、**和***分别表示在10%、5%和1%的水平上显著。

4.2.3.1　游牧变迁与草场转出意愿

方程2和方程4的估计显示，游牧变迁提取的公因子"游牧方式变迁"和"游牧互助变迁"对牧民转出草场的意愿有显著负向影响。方程2的估计表明，"游牧方式变迁"每增加1单位，牧民转出草场的意愿变为原来的0.698倍，在纳入牧民分化程度解释变量后（方程4），牧民转出草场的意愿变为原来的0.670倍，流转意愿小幅下降。同样"游牧互助变迁"对牧民转出草场意愿的影响，在引入牧民分化程度解释变量后，流转意愿由方程2中的0.795倍，变到方程4中牧民草场转出意愿变为的0.781倍，表现出小幅下降。整体表现出，牧民游牧变迁越高，草场流转意愿越低，对待草场转出行为越谨慎。研究假设 1 得到验证。

牧区调研发现，自 2008 年实行牧民定居工程后，在各级政府的大力推动下，牧民逐步搬迁到定居点，居住在砖木或混凝土结构的房屋。牧民传统的生活、生产受到不同程度的影响，一部分牧民选择圈养牲畜，通过购买玉米、饲草或农区的农作物秸秆喂养牲畜，虽增加成本，但生产可控性强、受草场旱情和天气影响程度低，且劳动辛苦程度相对较低而倍受牧民欢迎，这类牧民转出草场的意愿相对较高。但是，部分牧民仍保留相对传统的游牧生产活动，传统的毡房或蒙古包被移动性能更好的棚车取代。牧民在夏天和秋天一般进入牧场放牧，冬天回到定居点用储备的饲料喂养牲畜，待到春天羊羔出生、生长到足够强壮后再进入草场放牧。这类牧民转出草场的意愿相对较低。

4.2.3.2　牧民分化与草场转出意愿

表 4–4 中方程 3 和方程 4 的估计结果显示，牧民家庭"牧业收入比重"和"牧业劳动力比重"表征牧民分化程度特征，其对牧民草场转出意愿呈显著负向影响。方程 3 和方程 4 的结果表明，牧民家庭"牧业收入比重"每增加 1 单位，转出草场的意愿变为原来的 0.011 倍，纳入游牧方式变迁和游牧互助变迁后，在1% 显著水平上，牧民转出草场的意愿变为原来的 0.010 倍。牧民家庭"牧业劳动力比重"每增加 1 单位，转出草场的意愿变为原来的 0.137 倍，同样纳入游牧变迁解释变量后，牧民转出草场的意愿变为原来的 0.113 倍。整体来看，牧民家庭牧业收入和牧业劳动力比重的增加，会显著降低牧民转出草场的意愿。研究假设 2 得到验证。

牧民分化是社会经济综合发展的结果，自 20 世纪 80 年代中期推行草畜双承包政策后，牧民开始分割草场，形成家庭承包经营的格局。但随着改革政策的不断调整，草原分割细碎化不仅增加了牧民生产成本，而且还引发草场生态退化等问题。牧民承包得到的草场面积基本固定不变，但家庭人口数量却在不断增加，资源消耗和支出自然随之增长，在无法获得其他生计来源或畜牧产品价格增长不显著的前提下，牧民选择超载过牧成为最无奈却能有效增加收入的简单决策，草场退化自然不难理解。反过来根据方程 4 估计结果推断，拓展畜牧业生产附加值、降低牧民探寻生计成本、丰富牧民收入结构，促进牧民社会分化，增加牧民非牧业收入（降低牧业收入比重或提高非牧业收入比重）一定程度上能够提高牧民转出草场的意愿，有助于提高有限草场资源的配置效率，推动草原畜牧业适度规模经营的同时，也有利于改善草场生态退化的趋势。

4.3 社会保障、社会信任对参与草场流转保护草场生态的影响

保障感知作为牧民自己内在的渴望与感受，间接性地影响着牧民参与生态保护的意愿。草原生态系统十分脆弱，生产结构单一，牧民替代生计选择受限（李惠梅等，2013；王昌海，2014）。此外，由于牧民自身医疗、养老保障以及子女教育保障感知水平不稳定性，导致内心认为自身风险抵御能力下降、福利受损，结果使牧民转出草场和保护生态环境的意愿下降。而牧民传统游牧习俗形成的内部信任机制，是影响畜牧生产合作、抵御灾害以及草原保护的另一个主要因素。牧民长期形成的内部信任，能够协助社区（部落）建立稳定的合作机制以及合理的互惠机制，是推动草原公共资源有效治理的重要保证（付刚，2011；奥斯特罗姆，2011；曼瑟·奥尔森，2014）。对此，将基于牧民对社会保障和社会信任的感知视角，分析其对牧民流转草场产业转移以及减少草场放牧牲畜数量（减少牲畜）、增加牲畜圈养时间（延长圈养）的选择行为。

4.3.1 理论分析与假设

保障感知对参与草场流转而保护草场生态的影响分析。牧民响应草场生态保护政策，虽受政策约束，但更多是牧民对政策中激励机制的信任以及政策响应得到的社会保障，对参与生态保护具有显著的影响（段伟等，2016）。从机理上分析，草原生态系统作为典型的公共池塘资源，牧民响应生态保护可能牺牲收入。如果牧民拥有相对健全的生活保障则能缓解部分损失，并有助于提高生态保护的参与意愿（马奔等，2016；宋文飞等，2014）。另外，参与生态保护如若能够改善生活或提高社会保障，则更有利于提高生态保护参与意愿和增强生态政策治理效果。学界对生态保护经济补偿的关注，忽视或弱化了完善或提升牧民医疗、养老、子女教育和社会福利等社会保障水平同样能够激励牧民参与生态保护。社会保障在世界范围内的划分存在一定差异，如美国的社会保障分为社会保险、社会救助和社会福利3类，德国分为社会保险和社会照顾两类，英国和我国的划分基本一致，分为社会保险、社会补贴、社会服务、社会救助和医疗保健5类（穆怀中，2009）。为便于测度牧民实际可获得的社会保障感知，在划分上借鉴德国社

会保障的分类，把农村医疗、养老金等归为社会保险，把住房补贴、低收入家庭救助和教育救助归为社会照顾，探析保障感知对牧民参与草场生态保护的影响。

社会信任对牧民草场生态保护的影响分析。社会信任是影响牧民参与生态保护的另一主要因素。牧民响应生态保护政策一方面是对政策本身的信任，草原生态政策鼓励对草原保护给予对等的生态补偿，增强牧民政策信任（张文彬，2018），并延伸为对政府的信任，是影响牧民参与草原生态保护的核心因素之一。另一方面牧民参与生态保护存在"搭便车"行为，集体成员彼此的信任有助于构建稳固的合作、互惠机制，提高牧民参与意愿（王海春，2017），实现集体行动与草场生态保护的一致性。学界一般称前者为制度信任，后者为人际信任，并统称为社会信任。国外的一些跨国研究中通过"信任半径"用世界价值观念调查、欧洲（东亚）民意晴雨表等方式测度社会信任，如 F·福山和尤斯拉纳等。国内研究的主流观点以人与人之间的情感为纽带，把诸如首要群体（如家人之间）、次要群体（如邻居之间）的亲疏远近定义为人际信任，把依赖于法律、政策等制度环境，超越人际关系、具有约束力的信任定位为制度信任（邹宇春等，2011）。本节结合牧区调研，借鉴蔡起华和何可等的研究，将村干部信任、政策信任和法律信任定义为制度信任，将亲人信任、朋友和邻居信任定义为人际信任，以此分析社会信任对牧民参与草场生态保护的影响。

4.3.2　模型选择及变量说明

4.3.2.1　模型选择

为分析牧民不同生态保护方式的参与意愿，在访谈问卷中设置"您愿意通过减少牲畜数量，保护草场生态环境吗？""您愿意通过流转草场产业转移，保护草场生态环境吗？""您愿意通过增加牲畜圈养时间，保护草场生态环境吗？"等选项，回答项设置为非常不愿意 =1，不太愿意 =2，不清楚 =3，比较愿意 =4，非常愿意 =5，并以此构建有序多分类 Logit 模型比较牧民参与意愿，见模型（4 −1）。

$$\text{Logit}(P_j) = \ln[P(y \leq j)/P(y \geq i+1)] + \beta_1 \text{percep} + \beta_2 \text{trust} + \beta_3 X - \alpha_j \quad (4-1)$$

其中 P_j 是牧民生态保护参与意愿的概率，$P_j = P(y = j)$，$j = 1, 2, \cdots, 5$。解释变量保障感知（Percep），社会信任（Trust）和控制变量 X（X_1，X_2，$\cdots$，X）。α_j 是模型的截距，β 是一组与 x 对应的回归系数。根据待估参数系数，可以通过式（4 −2）求得某一保护方式（如 y = j）参与意愿的发生概率。

$$P(y \leq j/x) = \frac{\exp[-(\alpha_j + \beta X_i)]}{1 + \exp[-(\alpha_j + \beta X_i)]} \quad (4-2)$$

为进一步探讨保障感知、社会信任对牧民生态保护参与方式的影响，按照减少牲畜 = 1，流转草场 = 2，延长圈养 = 3，表征牧民生态保护参与方式的备选项。牧民生态保护方式是多分类变量，因此采用无序多分类 Logit 模型进行估计，模型如式（4 - 3）。

$$\ln(\frac{P_i}{1 - P_i}) = Y_i = \alpha_i + \sum_{i=1}^{n} \beta_{ij} x_{ij} + \varepsilon_i \qquad (4-3)$$

其中 P_i 表示牧民生态保护参与方式（i = 1，2，3）的选择概率，X_i 表示影响牧民不同生态保护方式参与决策的因素，β_{ij} 是各影响因素的待估计参数，表示其他因素不变时，第 j 个影响因素每增加一个单位引起比数自然对数值的变化量，α_i 是常数项，ε_i 是随机误差。

4.3.2.2　变量选取与说明

因变量。牧民生态保护参与意愿和参与方式是本书的因变量，实际调研中第一阶段询问牧民现有草原生态补偿水平下，3 种生态保护方式（减少牲畜、流转草场、延长圈养）的参与意愿；第二阶段进一步询问牧民在 3 种草原生态保护方式中，实际选择的参与方式。

核心自变量。保障感知、社会信任是由因子分析结果提取，并命名的核心自变量。保障感知：具体数据通过问卷题项设置问询得到，如"您去医院看病，您担心医疗费用无法报销吗？""达到退休年龄，您担心无法获得养老金吗？""您担心因自然灾害失去住房，无法获得政府救助吗？""您担心面临温饱问题时，无法获得政府低保吗？""您担心以后子女会因为贫困而无法继续接受教育吗？"，分别涉及牧民医疗、养老、住房补贴、低保和子女教育等方面的社会保障感知状态，回答项设置：非常担心 = 1，比较担心 = 2，不清楚 = 3，比较放心 = 4，非常放心 = 5。最后，通过因子分析对提取的公因子分别命名为社会保险感知、社会照顾感知，来表征牧民的保障感知水平。

社会信任：同样利用调研问卷的题项设计获得，如"您对亲戚的信任程度""您对朋友的信任程度""您对邻居的信任程度以及您对本村村干部的信任程度""牧民改变草场用途，您相信会受到处罚吗？""牧民过牧超载，您相信会受到处罚吗？"，问题的回答项设置为非常不信任 = 1，不太信任 = 2，不清楚 = 3，比较信任 = 4，非常信任 = 5。通过因子分析，对提取后的因子分别命名为人际信任和制度信任，进而表征牧民社会信任。

控制变量。已有研究指出年龄、文化水平、家庭结构等因素对牧民响应生态保护政策具有不同程度的影响作用（李惠梅等，2013），借鉴类似研究基础上，选取年龄、教育程度、健康程度和上学子女数量表征牧户人力资本，用牧业依赖度、草场面积和牲畜数量表征牧户物质资本（见表 4 – 5）。由于研究的调研时间跨度大，受实际调研顺序前后的影响，本节使用的全样本为第一阶段调研获得的 386 份有效样本。

表 4 – 5　变量定义、赋值及描述性统计

变量名称		变量识别及赋值	均值	标准差
因变量	减少牲畜	您愿意减少放牧牲畜数量，保护草场生态环境吗？非常不愿意 = 1，不太愿意 = 2，一般 = 3，比较愿意 = 4，非常愿意 = 5	3.81	0.938
	流转草场	您愿意通过流转草场，产业转移的方式，保护草场生态环境吗？（同上）	3.66	1.131
	延长圈养	您愿意通过增加牲畜圈养时间的方式，保护草场生态环境吗？（同上）	3.53	0.999
	参与方式	您最愿意选择以下哪种方式，保护草场生态环境？减少牲畜 = 1，流转草场 = 2，延长圈养 = 3	2.08	0.876
核心自变量	制度信任	根据"村干部信任、政策信任、法律信任、亲人信任和邻居信任"等变量由因子分析提取	0	1
	人际信任		0	1
	社会保险感知	根据"医疗感知、养老感知、住房照顾、低收入照顾和教育扶助"等变量由因子分析提取	0	1
	社会照顾感知		0	1
	村干部信任	您对村干部的信任程度：非常不信任 = 1，不太信任 = 2，不清楚 = 3，比较信任 = 4，非常信任 = 5	3.13	0.760
	政策信任	过牧超载，您相信会受到处罚吗？（同上）	3.16	0.814
	法律信任	破坏或改变草场用途，您相信会受到处罚吗？（同上）	3.66	0.685
	亲人信任	您对亲戚的信任程度？（同上）	3.52	0.865
	邻居信任	您对邻居朋友的信任程度？（同上）	3.34	0.794
	医疗感知	您担心医疗费无法报销吗？非常担心 = 1，不太担心 = 2，不清楚 = 3，比较放心 = 4，非常放心 = 5	2.39	0.870
	养老感知	您担心无法获得养老金吗？（同上）	2.96	0.932
	住房照顾	因灾害失去住房，您担心政府不给救助吗？（同上）	3.47	0.825
	低保照顾	面临温饱问题，您担心政府不提供低保吗？（同上）	3.46	0.914
	教育扶助	您担心因贫困子女无法继续接受教育吗？（同上）	3.24	0.942

变量名称		变量识别及赋值	均值	标准差
控制变量	年龄	≤35 岁 =1，35~50 岁 =2，≥50 岁 =3	2.33	0.730
	文化程度	初中以下 =1，高中 =2，大专以上 =3	1.24	0.515
	健康程度	较差 =1，一般 =2，较好 =3	2.46	0.780
	上学子女	≤1 人 =1，1~3 人 =2，≥3 人 =3	1.53	0.590
	草场规模	小规模型 =1，中等规模型 =2，大规模型 =3	2.03	0.865
	养殖规模	小规模型 =1，中等规模型 =2，大规模型 =3	1.96	0.830
	牧业依赖	低依赖型 =1，中等依赖型 =2，高依赖型 =3	2.23	0.611

4.3.3 模型估计结果分析

利用 SPSS 25.0 进行有序多分类 Logit 模型回归（见表 4-6），首先，对村干部信任、政策信任、法律信任、亲人信任、邻居信任、医疗感知、养老感知、住房照顾、低保照顾、教育扶助等核心自变量进行因子分析，提取出特征值大于 1 的公因子，根据因子特征分别定义为制度信任、人际信任以及社会保险感知、社会照顾感知。其次，模型先纳入控制变量分析牧民不同生态保护方式的参与意愿。最后，模型在纳入核心自变量考察对牧民生态保护的参与方式的影响。同时与无序多分类 Logit 模型估计（见表 4-6），纳入核心自变量后模型的 -2 对数似然值、卡方和伪 R^2 均得到提升，且满足分析需要。

4.3.3.1 不同方式的参与意愿分析

（1）保障感知、社会信任的影响。从表 4-6 可知，模型 2、模型 4 和模型 6 中，保障感知和社会信任对牧民草场生态保护参与意愿的影响显著，且存在差异。制度信任、人际信任和社会保险感知、社会照顾感知显著正向影响牧民参与减少牲畜、草场流转的意愿，但对延长圈养的影响存在差异。就牧民参与减少牲畜的意愿而言，社会保险感知的影响程度最高，其次是制度信任、人际信任和社会照顾感知的影响。减少牲畜可以理解为收入的降低，但 2011 年和 2016 年政府不断提高生态补偿弥补牧民减少牲畜的损失，同时农村基本医疗保险补助和养老保险补助提高了牧民社会保障感知水平，对提高牧民减少牲畜、流转草场的参与意愿具有显著作用。牧民对亲人、邻居和朋友的人际信任和对村干部、政策的制度信任的提升，提高了牧民参与生态保护的意愿，与何可等（2015）、蔡起华等（2016）关于农牧民参与社区治理、农村公共物品供给的研究结论一致。

表 4 - 6　牧民参与草场生态保护的意愿分析

自变量		减少牲畜		草场流转		延长圈养	
		模型 1	模型 2	模型 3	模型 4	模型 5	模型 6
户主年龄	≤35 岁	0.209	0.253	0.213	0.237	-0.33	-0.272
	35~50 岁	-0.459 **	-0.395 *	-0.007	0.065	-0.535 **	-0.579 **
	≥50 岁	0a	0a	0a	0a	0a	0a
文化程度	初中以下	0.753	0.845 *	0.96 *	1.17 **	-1.216 **	-1.407 **
	高中	0.428	0.62	1.146 **	1.468 ***	-1.85 ***	-2.05 ***
	大专以上	0a	0a	0a	0a	0a	0a
健康程度	较差	0.592 **	0.796 ***	0.572 **	0.671 **	-0.15	0.065
	一般	0.685 **	0.577 **	0.784 ***	0.601 **	-0.004	0.222
	良好	0a	0a	0a	0a	0a	0a
上学子女数	≤1 人	-0.109	-0.095	-0.108	-0.202	-0.541	-0.354
	1~3 人	-0.34	-0.312	-0.343	-0.46	-0.126	0.11
	≥3 人	0a	0a	0a	0a	0a	0a
草场规模	小规模	-0.462 **	-0.561 **	-0.158	-0.184	0.068	0.081
	中等规模	-0.362	-0.374	-0.437	-0.402	0.423	0.491 *
	大规模	0a	0a	0a	0a	0a	0a
养殖规模	小规模	-0.234	-0.168	-0.372	-0.267	-0.19	-0.293
	中等规模	0.15	0.118	0.126	0.105	0.007	0.004
	大规模	0a	0a	0a	0a	0a	0a
牧业依赖度	低依赖	-0.56	-0.638 *	-0.167	-0.273	-0.127	-0.117
	中等依赖	0.383 *	0.227	-0.33	-0.527 **	-0.229	-0.107
	高依赖	0a	0a	0a	0a	0a	0a
社会信任	制度信任	—	0.257 **	—	0.238 **	—	0.299 ***
	人际信任	—	0.192 *	—	0.277 **	—	-0.182
保障感知	社会保险感知	—	0.305 ***	—	0.323 ***	—	-0.201 *
	社会照顾感知	—	0.176 *	—	0.256 **	—	-0.206 **
-2 对数似然		766.473	877.861	764.685	854.042	74.983	854.847
卡方		29.72 ***	52.75 ***	20.99 *	48.52 ***	24.13 **	40.59 ***
伪 R²		0.081	0.140	0.058	0.130	0.067	0.111

注：*、** 和 *** 分别表示在 10%、5% 和 1% 的水平上显著。

　　调研统计显示，牧民对亲人、邻居、朋友有很高的信任度，是草场转出首选对象，这是外村非少数民族牧民很难转入草场的原因之一。近年来牧民收入的提高和社会福利的不断完善，尤其是生态奖补标准的提高使牧民社会保障感知水平不断提升，降低了牧民参与生态保护可能面临的生计风险，对牧民减少牲畜、流转草场的意愿有积极作用。模型6显示社会保险感知、社会照顾感知对牧民参与延长圈养意愿有负向显著影响，制度信任有正向显著影响，人际信任的影响不显著。如上文所述，牧民获得生态补贴收入的不断增加和社会保障的完善，牧民对草场的生计依赖呈现不同程度弱化，通过增加圈养时间发展畜牧、增加收入成为非必要手段，外加投入成本较大使牧民参与延长圈养的意愿较低。

（2）户主个体特征的影响。户主年龄在35～50岁的牧民参与减少牲畜、延长圈养的意愿随着年龄的增加而降低，且分别通过10%、5%显著水平检验，但年龄对流转草场意愿的影响不显著。35～50岁牧民具有较高的生计压力，需要依赖草场畜牧收入维持家庭生活、子女教育、医疗费用等开支，减少牲畜的收入损失降低了牧民参与意愿。另外，延长圈养需要新增物力、财力与人力支出，年龄较大牧民的风险偏好和投资意愿的降低，且难以提供充足的劳动，致使减少牲畜、延长圈养的意愿降低。户主文化程度对牧民减少牲畜、流转草场的意愿具有显著正向影响，对参与延长圈养的意愿具有负向显著影响。这与多数学者研究结论一致，认为农民文化程度越高，可能从事非农行业的可能性更大，对农业的依赖程度降低，产业转移机会成本较高（朱玉春等，2015）。因此，针对这类牧民而言，其参与减少牲畜、流转草场的意愿更高，参与延长圈养的意愿相对较低。

（3）家庭人口特征和畜牧生产特征的影响。表4-6显示，健康程度对牧民减少牲畜、流转草场的参与意愿具有显著正向影响，但对延长圈养的影响不显著。20世纪80年代牧区实行草畜双承包牧民分得相对固定的草场发展畜牧生产，起初牧区人口政策相对宽松，造成牧户家庭子女数量大幅增加，为寻求替代生计，部分身体健康、文化水平较高的牧民选择牲畜托管或者流转草场进城择业，延长圈养的参与意愿较低。表4-6还显示，草场规模对牧民参与减少牲畜意愿有负向影响，但只有小规模型牧民的影响显著。草场面积是牧民扩大养殖规模首要考虑因素（杨春等，2018），草场规模越大，扩大养殖规模的意愿程度越高，减少牲畜的意愿越低。牧业依赖对牧民参与减少牲畜、草场流转的意愿有负向影响，对延长圈养的影响不显著。牧民牧业依赖越低，收入来源越丰富，减少牲畜降低收入的影响有限，相反能够有助于增加非牧业收入，因而其减少牲畜、流转草场的意愿相对较高，同王海春（2017）的研究结论相似。

4.3.3.2　不同参与方式的决策分析

无序多分类 Logit 模型关于牧民生态保护参与决策影响机制的分析显示（见表 4 - 7），相对选择延长圈养保护草场生态的方式，人际信任、制度信任和社会保险感知对牧民选择减少牲畜的方式保护草场生态具有显著正向影响，并通过 5% 以上的显著性检验，分别是选择延长圈养概率的 1.382 倍、1.374 倍和 1.622 倍。同时，社会照顾感知对选择减少牲畜方式保护草场生态具有正向影响，但未通过显著性检验。牧民偏好选择减少牲畜的方式保护草场生态，一方面是牧民社会保障的完善和生活水平的提高，提升了对国家、政府的认同和信任，集体内部信任机制的形成，进一步推动了集体行动合作与互惠机制的建立，降低了牧民参与减少牲畜可能面临的生计风险，因而，积极参与草场生态治理的集体行动，印证了奥尔森、奥斯特罗姆等公共池塘资源治理的相关结论。另一方面国家强调生态战略，草畜平衡奖励的生态政策具有诱致性和一定强制性，对牧民减少牲畜的影响显著。年龄、文化程度、健康程度等控制变量对牧民减畜行为的影响机制同上节内容，故不赘述。

表 4 - 7　牧民草场生态保护参与方式的决策机制分析

保护方式		模型 7			模型 8		
		B	标准错误	Exp（B）	B	标准错误	Exp（B）
减少牲畜 a 截距		0.695	0.894	—	0.624	0.942	—
户主年龄	≤35 岁	- 0.505	0.427	0.603	- 0.429	0.443	0.651
	35 ~ 50 岁	- 1.21 ***	0.277	0.299	- 1.19 ***	0.290	0.304
	≥50 岁	0b	—	—	0b	—	—
文化程度	初中以下	- 0.191	0.63	0.826	- 0.048	0.572	0.953
	高中	0.05	0.686	1.051	0.474	0.732	1.606
	大专以上	0b	—	—	0b	—	—
健康程度	较差	0.475	0.338	1.607	0.928 **	0.405	2.531
	一般	1.01 ***	0.364	2.746	0.942 **	0.404	2.564
	良好	0b	—	—	0b	—	—
上学子女	≤1 人	- 0.215	0.559	0.806	- 0.326	0.590	0.722
	1 ~ 3 人	- 0.585	0.568	0.557	- 0.674	0.601	0.51
	≥3 人	0b	—	—	0b	—	—

续表

保护方式		模型7			模型8		
		B	标准错误	Exp（B）	B	标准错误	Exp（B）
减少牲畜 a 截距		0.695	0.894	—	0.624	0.942	—
草场规模	小规模	0.134	0.299	1.144	0.049	0.315	1.05
	中等规模	− 0.26	0.324	0.771	− 0.316	0.342	0.729
	大规模	0b	—	—	0b		
养殖规模	小规模	− 0.496	0.306	0.609	− 0.446	0.327	0.64
	中等规模	− 0.97***	0.339	0.38	− 1.1***	0.354	0.327
	大规模	0b	—	—	0b		
牧业依赖	低依赖	1.213**	0.549	3.363	1.215**	0.584	3.371
	中等依赖	0.358	0.286	1.431	0.125	0.306	1.134
	高依赖	0b	—	—	0b		
社会信任	制度信任		—		0.318**	0.143	1.374
	人际信任		—		0.323**	0.157	1.382
保障感知	社会保险感知		—		0.484***	0.152	1.622
	社会照顾感知		—		0.077	0.14	0.926
流转草场 a 截距		− 2.057	1.286	—	− 2.183	1.359	—
户主年龄	≤35 岁	0.869**	0.399	2.384	0.979**	0.435	2.662
	35~50 岁	− 1.58***	0.37	0.206	− 1.52***	0.394	0.22
	≥50 岁	0b	—	—	0b		
文化程度	初中以下	0.361	0.827	1.434	0.861	0.858	2.366
	高中	0.952	0.87	2.59	1.685*	0.908	5.395
	大专以上	0b	—	—	0b		
健康程度	较差	0.026	0.428	1.026	− 0.169	0.498	0.844
	一般	0.828**	0.415	2.289	0.319	0.456	1.376
	良好	0b	—	—	0b		
上学子女	≤1 人	1.225	0.913	3.403	0.896	0.969	2.449
	1~3 人	0.87	0.917	2.386	0.511	0.978	1.666
	≥3 人	0b	—	—	0b		

续表

保护方式		模型 7			模型 8		
		B	标准错误	Exp（B）	B	标准错误	Exp（B）
流转草场 a 截距		−2.057	1.286	—	−2.183	1.359	—
草场规模	小规模	0.093	0.34	1.097	−0.034	0.367	0.967
	中等规模	−0.475	0.394	0.622	−0.725*	0.423	0.484
	大规模	0b	—	—	0b	—	—
养殖规模	小规模	0.275	0.372	1.317	0.645	0.410	1.906
	中等规模	0.056	0.387	1.057	0.03	0.415	1.03
	大规模	0b	—	—	0b	—	—
牧业依赖	低依赖	1.601***	0.562	4.959	1.123*	0.616	3.075
	中等依赖	−0.091	0.334	0.913	−0.654*	0.372	0.52
	高依赖	0b	—	—	0b	—	—
社会信任	制度信任		—		0.189	0.169	1.208
	人际信任		—		0.995***	0.197	2.704
保障感知	社会保险感知		—		0.347**	0.181	1.415
	社会照顾感知		—		0.374**	0.175	1.454
−2 对数似然			585.860			653.480	
卡方			104.001***			165.493***	
伪 R²			0.268			0.395	

注：a 表示延长圈养作为参与方式估计的对照组；b 表示控制变量中的对照组。

*、**和***分别表示在10%、5%和1%的水平上显著。

相比于参照组（延长圈养），社会照顾感知、社会保险感知、人际信任对牧民选择流转草场保护草场生态有显著正向影响，分别是选择延长圈养概率的1.454倍、1.415倍和2.704倍，制度信任的影响不显著。正如费孝通所言，中国农村广泛表现出由亲及疏的差序格局，在少数民族聚居的牧区也尤为普遍。牧民对部落亲族具有很高的信任度，是完成草场畜牧生产的重要保障。绝大多数游牧民通过协助完成转场、剪羊毛、打草等畜牧生产活动，建立了长期稳定的人际信任，在草场流转中对同村（嘎查）的本地少数民族牧民表现出明显的偏好。另外政府提供的基本医疗、基本养老救助与住房救助、子女教育救助提高了社会保障感知，也降低了牧民择业、创业的风险感知，因此草场流转日益活跃。同时牧区经济社会的快速发展，带动了牧区资本与劳动力的流动，外加各级政府鼓励草场流转政策的出台，使牧民选择流转草场保护草场生态的决策更为普遍。

整体而言，保障感知、社会信任对牧民不同生态保护参与方式的影响差异微小。社会保险感知对牧民选择流转草场的影响显著于通过减少牲畜方式保护草场生态的影响，社会照顾感知对牧民选择流转草场保护草场生态的影响显著，但对减少牲畜的影响不显著。人际信任对牧民选择减少牲畜保护草场生态的影响显著，但对流转草场的影响不显著，制度信任对牧民选择流转草场的影响显著于通过减少牲畜方式保护草场生态的影响。

4.4　牧户特征的影响

个体特征。个体特征"是否是本地少数民族"和"受教育程度"对草场转出意愿的影响为负，但均未通过显著性检验。民族不显著的原因可能跟样本分布有关，统计显示 92% 的样本是本地少数民族的牧民，仅有 8% 的样本是汉族牧民（见表 4-4）。教育程度不显著，说明牧民草场转出意愿与受教育程度不存在某一影响趋势，可能是牧民对草原和草原生活的热爱不因受教育程度变化而改变。"性别"和"年龄"对牧民草场转出意愿的影响为正，且通过显著性检验。男性牧民草场转出的意愿平均是女性的 2.7 倍，这与牧区是男权社会有关。在牧区调研发现，参与问卷回答的均是家庭中的男性成员，当提出问询女性家庭成员时，多数都被拒绝，并表示出对家庭畜牧生产信息不了解。年龄在 [20，40] 和 [41，60] 牧民草场转出意愿平均分别是 60 岁以上牧民的 4.3 倍和 8.1 倍，牧区调研发现年龄 [20，40] 的牧民转出意愿高是因为偏向选择到城市寻找相对轻松的"好工作"，认为放牧生活辛苦、挣钱少，但也有一部分年轻牧民认为放牧虽然辛苦，若懂得经营、拓展销售渠道（互联网销售）、提升畜牧产品附加值，经营畜牧生产仍然存在巨大潜力。

家庭特征。"供水状况"和"供电状况"对牧民草场转出意愿的影响为正，前者的影响不显著，后者的影响显著。主要原因是牧区地表上径流水面开始减少，地下径流水相对稳定，牧民更加偏向开采地下水（打井）解决生活和喂饮牲畜所需，而采用汽油发电带动水泵所需的成本显著高于直接用电带动水泵的成本，因而供电状况对牧民草场转出意愿的影响更显著。"家庭背景"的影响为正，且显著，家庭成员有村及村以上公职人员转出草场的意愿平均是没有公职人员家庭牧民的 4.9 倍。有公职人员的牧民家庭获得社会信息资源的能力更强，获得转业、增加收入的渠道和机会也相对更多。家庭成员的"健康程度"对草场转出意愿具有显著的负向影响，家庭成员身体较好的牧民其草场转出意愿平均是身体较差家庭的 0.29 倍，即家庭成员身体越差转出草场的概率越大。

畜牧生产特征。"畜牧前景"对牧民草场转出意愿的影响为负，但不显著。理论上说，牧民对经营畜牧的未来预期越好，转出草场的意愿就越低，但回归结果均不显著。"畜牧资产"和"牲畜数量"分别在 5%、1% 显著水平上显著负向影响牧民草场转出意愿，畜牧资产每增加 1 单位，牧民转出草场的意愿平均变为原来的 0.66 倍，"牲畜数量"每增加 1 单位，牧民转出草场的意愿变为原来的0.31 倍。牧民增加畜牧生产设备投资时，如果转出草场则意味着畜牧生产资产打折出售，因而随着资本的投入，转出意愿降低。牧民家庭牲畜数量的增加，意味着需要更多的草场（草料）放牧（饲养）牲畜，因而草场转出意愿呈现显著下降趋势。

4.5　本章小结

本章分别从游牧变迁、社会分化探析牧民生计方式转变对其草场转出的影响，以及从社会保障、社会信任视角在草场生态保护前提下，分析牧民通过草场流转、产业转移等方式保护草场生态的意愿程度。具体而言，从牧民生产生活的变迁和社会福利感知两个方面，分析牧民草场转出行为，兼述草场流转途径下牧民参与草场生态保护的影响。研究结果显示，牧民的个体特征、家庭特征和畜牧生产特征不同程度上影响牧民转出草场的意愿，游牧变迁和牧民分化显著影响牧民转出草场的意愿。男性牧民转出草场的意愿高于女性，年龄在 [20，40] 和[41，60] 牧民草场转出意愿平均分别是 60 岁以上牧民的 4.3 倍和 8.1 倍；家庭供电状况和家庭成员有公职人员对牧民草场转出意愿的正向影响显著，畜牧资产、牲畜数量和家庭成员患有重病对牧民草场转出意愿的负向影响显著；游牧变迁（游牧方式变迁和游牧互助变迁）和牧民分化程度（牧业收入比重和牧业劳动力比重）对草场转出意愿具有显著负向影响。

从草场流转的生态保护视角看，社会保险感知、社会照顾感知对牧民参与减少牲畜、流转草场的意愿有显著正向影响，对牧民参与延长圈养的意愿有显著负向影响；制度信任对牧民参与减少牲畜、流转草场、延长圈养的意愿表现出显著正向影响，人际信任对参与减少牲畜、流转草场的意愿有显著正向影响，但对延长圈养的影响不显著。以延长圈养为参照，人际信任、制度信任和社会保险感知对牧民参与减少牲畜保护草场生态的影响显著，分别是延长圈养概率的1.382倍、1.374倍和1.622倍；社会照顾感知、社会保险感知和人际信任对牧民参与流转草场保护草场生态的影响显著，分别是延长圈养概率的1.454倍、1.415倍和2.704倍。

第5章 收入视角下草场流转的生态减贫效应分析

基于第1章、第2章的研究设计和理论框架，以及第3章、第4章调研区经济社会、牧民草场流转行为的分析，为草场流转的生态减贫效应研究奠定了数据和理论基础。自本章开始，将分3章从收入视角、生态视角以及牧民感知视角对牧民草场流转的生态减贫效应展开深入评析。本章基于牧民家庭收入视角，第一，将按照是否转出草场、是否转入草场的流转类型分类，借助PSM模型比较草场流转对牧民家庭收入（牧业收入、非牧业收入和总收入）的影响；第二，利用收入分位数回归模型，比较草场流转对不同收入层级牧民家庭收入的影响差异。

5.1 引言

20世纪90年代，牧区施行草畜双承包的经营制度，赋予了牧民发展草原畜牧业更大决策权。同时，伴随经济社会的快速发展和国家生态管理政策的出台，促使牧民城乡流动加剧、生计方式不断丰富多样，奠定了草场流转诞生的背景。2016年10月，国务院办公厅印发《关于完善农村土地所有权承包权经营权分置办法的意见》，完善了农村土地所有权、承包权、经营权分置，有助于推动农村土地流转，优化土地资源配置，促进适度规模经营发展①。据谭淑豪等（2018）调研显示呼伦贝尔市和锡林郭勒盟草场流转发生率已经达到47%，关于新疆草

---

① 资料来源：http：//www.gov.cn/xinwen/2016－10/30/content_ 5126200. htm。

场流转的数据尚未公开统计资料。但据 2017~2018 年笔者调研样本显示，新疆牧区的草场流转率达到 27.2%。实践经验表明草场流转有助于调整牧区产业结构、转移剩余劳动力，同时对解决草场承包带来的细碎化和粗放化经营问题，优化资源要素配置、提高牧民生活质量、促进草原可持续发展均具有重要意义（余露等，2011；赖玉珮等，2012；张裕凤等，2015）。

目前学界对草场流转的研究，更多聚焦于从牧民流转意愿（张引弟等，2010；薛凤森等，2010；李静等，2018）、影响因素（薛凤森等，2010；谭淑豪等，2018；史雨星等，2018）以及对牧民收入的影响（张引弟等，2010；赖玉珮等，2012）等视角探索促进草场流转、实现畜牧业规模化经营的发展路径。针对草场流转市场兴起时的混乱现象，部分学者从完善草场流转机制、规范流转管理探讨未来草场市场化管理的重点方面（余露等，2011；李启芳等，2016）。期间关于草场流转对牧民生计的影响也引起了激烈讨论，如张引弟等（2010）、张美艳等（2017）的研究均指出草场流转能够提高牧民收入。仝志辉（2008）、赖玉珮等（2012）肯定草场流转有助于协调草场资源的配置、提高牧民收入，同时也会拉大牧民贫富差距，但是缺少更为全面的实证分析。梳理已有的相关文献发现存在以下不足：第一，以往研究探讨草场流转对收入的影响，忽视了草场流转对牧户不同类型收入的影响，如牧业收入、非牧业收入和总收入的影响；第二，未重视草场流转类型对收入影响的机制差异，即需要从转入草场、转出草场以及未参与流转进行分类，讨论不同流转行为对收入结构的影响；第三，未关注草场流转对不同收入层级牧民的影响也存在差异，实践中，不同家庭劳动力配置造成草场流转对不同收入层级牧民的影响表现出较大差异。鉴于此，本书采用新疆和内蒙古牧业旗县的调研数据分析草场流转对牧民家庭收入的影响。首先，界定牧民家庭收入（牧业收入、非牧业收入与总收入）；其次，按照是否转出草场、是否转入草场的分类，借助 PSM 模型比较草场流转对牧民家庭收入的影响；最后，利用牧民家庭收入的分位数回归模型，比较草场流转对不同收入层级牧民家庭收入的影响差异。

5.2 收入视角下草场流转对生态减贫的机理分析

5.2.1 草场转入对家庭收入的影响分析

牧民转入草场，随着草场规模的扩大能够合理安排放牧时间、饲养更多的牲畜，有助于增加牧业收入（张引弟等，2010；赖玉珮等，2012）。在实践中，亲戚、邻居和朋友之间的草场流转，少部分情况虽无明确约定流转费用，但都会赠送 1~3 只羊作为感谢。然而，大部分情况需要支付流转费用后，才能获得额外草场发展畜牧生产。转入草场主体也因饲养规模的增加，在牧业生产中不断增加劳动力和其他投入，如雇佣羊倌、购置打草机、采购饲料以及增加牲畜疫情防控投入等。因此，牧民转入草场的预期收益在扣减流转费用、畜牧生产投入支出后的收入为正或高于现有收入水平，则会增加牧业收入。此外，转入草场、扩大牲畜规模匹配家庭富余劳动力、生产力，通过资源平衡效应也有助于提高牧业收入（谭仲春、谭淑豪，2018）。由此假设，转入草场可能会正向影响牧民牧业收入。

牧民转入草场，扩大牲畜养殖规模，则需投入大量时间和精力发展畜牧生产。因此，随着牧民非牧业工作时间和劳动力投入量的降低，使非牧业收入下降的可能性增加。在中国，以家庭为单元形成的畜牧生产体系中，夫妻双方承担着绝大多数的生产生活任务，男性负责牲畜的日常生产管理，女性负责烹饪等生活起居家务。转入草场、扩大养殖规模，使牧民无暇从事非牧业工作，则无助于非牧业收入的增加。但也有牧民转入草场后雇佣羊倌，而自己兼业从事非牧业工作，如果由此获得非牧业收入高于支付羊倌的工资，则不会导致非牧业收入的降低。由此假设，转入草场对牧民非牧业收入的影响可能为负或不显著。

5.2.2 草场转出对家庭收入的影响分析

牧民转出草场，降低对畜牧生产的生计依赖，按照上文的分析可能导致其牧业收入的降低。在实际操作中，牧民转出草场通常会获得流转费用收入[①]，但低于不转出草场的牧业收入。实践中还有一种情况，牧民以免支付流转费用为条件

[①] 此处流转费收入既包括现金形式的流转费用，又包括赠予牛肉或羊肉折算的等价货币收入。

转出草场，要求草场转入主体为其代牧少量的牲畜，如此仍能获得一定的牧业收入。此外，无论牧民是否转出草场均可以得到政府草原生态奖补政策的资金补贴，但一般会低于其独立畜牧经营的牧业收入。由此假设，转出草场可能会负向影响牧民的牧业收入。

牧民转出草场，意味着生计策略向非牧领域的转变，将可能提高非牧业收入。牧民转出草场导致分配给非牧业工作的时间、精力的增加，能够专心外出打工或从事二三产业的生产经营，相对不转出草场其非牧业收入可能会显著提高（余露等，2011；赖玉珮等，2012）。牧民有从事非牧业工作经历，转出草场的概率更大，非牧业收入增加的可能性也更大。牧民转出草场后如果非牧业领域创业失败，则非牧业收入可能为负。由此假设，转出草场对牧民非牧业收入的影响可能为正或不显著。

整体而言，针对转入草场牧民而言，牧业收入的增长量大于非牧业收入的减少量，转入草场则能增加牧民家庭总收入。同理，转出草场牧民牧业收入的减少量小于非牧业收入的增加量，转出草场则也能增加牧民家庭总收入。进而推断出，转入或转出草场对牧民家庭总收入的影响可以是正的，也可以是负的。鉴于已有研究结论，牧民转入草场能够有效缓解草场资源不足的限制，扩大畜牧养殖规模，获得规模经营收益，即草场转入或转出均有助于提高牧民收入（赖玉珮等，2012；谭淑豪等，2018）。由此假设，转入或转出草场对牧民家庭总收入可能有正向的影响。

5.2.3 草场流转对不同收入层级牧民的影响分析

草场流转协调草场资源的配置、提高牧民收入的同时，也可能加剧牧民贫富分化（仝志辉，2008）。赖玉珮等（2012）通过比较草场流转前后牧民的成本收益，指出草场流转对提高牧民收入具有一定作用，但难以通过产业转移，从根本上改善贫困户的生计能力，因而贫富差距被拉大。从理论上分析，低收入群体与高收入群体受自身和家庭禀赋影响，因此转入或转出草场对家庭收入的影响存在差异。牧民拥有较强身体素质，基本能完成草原畜牧生产，而不必需要较高的文化素质。针对转入草场的低收入群体，投入适当劳动力便能获得稳定的牧业收入。转入草场的高收入群体自身或家庭禀赋较强，通过直接或间接投入均能实现提高牧业收入或非牧业收入，但出现资源错配降低收入的可能性也更大。由此假设，转入草场对低收入群体的影响可能为正，对高收入群体的影响可能为正或不显著。

相对于转入草场牧民而言，转出草场牧民大部分转移到非牧业领域工作，要想获得稳定的高收入则对牧民文化水平、身体素质及学习能力均有较高要求。转出草场的低收入群体牧民受低文化水平、学习能力的限制很难转移到高收入行业，大多从事打零工、保安、清洁员等低薪工作，但由于家庭男性和女性成员同时工作，对提高非牧业收入也有积极作用，而对牧业收入的影响可能不显著。针对转出草场的高收入群体牧民，家庭成员在城镇拥有相对稳定的工作、产业，更容易借助家庭资源禀赋优势转换生计策略、快速建立收入渠道，如获取较高工资工作的机会或获得创业扶持的概率相对较大，但对牧业收入的影响不显著。类似问题研究表明，经济发达地区的农地流转可能会扩大农户收入差距（钟甫宁等，2011）。由此假设，草场转出对不同收入层级牧民非牧业收入的影响可能为正，对牧业收入的影响可能为正或不显著，并可能扩大牧民贫富差距。

5.3　研究框架与模型构建

5.3.1　研究框架

结合以上关于草场流转对牧民家庭收入结构影响的机制分析，为解析草场流转对牧民收入的影响效应，首先对牧民家庭收入结构进行界定；其次按照是否转出草场、是否转入草场的分类，比较草场流转对牧民家庭收入结构的影响特征；最后利用牧民收入分位数回归模型，比较草场流转对不同收入层级牧民收入结构的影响特征（见图 5-1）。

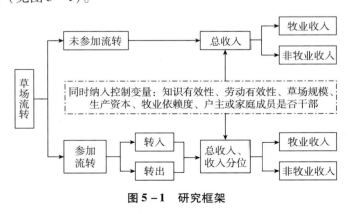

图 5-1　研究框架

书中草场流转的含义同国家《农村土地承包经营权流转管理办法》（2005）以及《新疆维吾尔自治区实施〈中华人民共和国草原法〉办法》和《内蒙古自治区草原管理条例》等文件之规定。书中对牧民收入界定，主要采用总收入、牧业收入和非牧业收入刻画草场流转对牧民家庭收入结构的影响。牧业收入主要由家庭经营畜牧业的收入、国家草原生态补偿收入以及参与草场流转的流转费用收入等构成，非牧业收入主要由打工或从事二三产业收入构成，如经营牧家乐、个体经销、倒卖牲畜等获得的经营收入。此外，为更加清晰地剖析草场流转对不同收入层级牧民家庭收入的影响，根据分位数回归模型的研究范式，将牧民收入按照1/10、3/10、5/10、7/10 和 9/10 分位点进行划分，论述草场流转对低收入层级、中低收入层级、中等收入层级、中高收入层级和高收入层级牧民家庭收入的影响。

5.3.2　模型构建与变量选取

5.3.2.1　模型的选取

对于实际已经参与草场流转的牧民，他们的家庭收入会很容易观测到。但是，无法观测到他们当初如果选择不参与草场流转牧民的家庭收入，为此依据 Rosenbaum 和 Rubin（1985）提出的通过构建反事实框架，将非随机数据近似随机化，采用倾向得分匹配（PSM）估计参与草场流转的反事实概率（陈强，2014）。本书根据 PSM 计算平均处理效应的一般步骤构建实证模型，采用 Logit 模型对影响牧民参与草场流转的特征变量进行估计、测得每户牧民的倾向得分。即在没有参与草场流转的牧户中寻找到和实际参与草场流转牧户相似的对照组，构建一个近似随机化的反事实数据比较草场流转对牧民家庭收入的影响。处理组的平均处理效应（ATT）一般如式（5－1）计算得到，其中 $N_1 = \sum_i D_i$ 代表参与草场流转的牧户，$\sum_{i:D_i=1}$ 表示仅对参与草场流转牧户进行加总，y_{1i} 表示实际参与草场流转牧民参与后的家庭收入，y_{0i} 表示实际参与草场流转牧民当初如果选择不参与草场流转的家庭收入，前者属于可观测变量，后者是根据倾向得分匹配在未参与草场流转牧民中构建一个反事实估计结果。PSM 的稳健性检验，通过比较 K 近邻匹配、卡尺匹配和核匹配结果的相似性确定。

$$\mathrm{ATT} = \frac{1}{N_1} \sum_{i:D_i} (y_{1i} - y_{0i}) \tag{5－1}$$

在比较草场流转对牧民家庭收入的影响后，进一步采用分位数回归估计草场流转对不同收入层级牧民家庭收入的影响程度。分位数回归由 Koenker 和 Bassett（1978）提出使用残差绝对值的加权平均作为最小化的目标函数，不易受极端值影响，分位数能够提供关于条件分布的全面信息，同时还能够分析不同分位数条件下解释变量对被解释变量的作用机制，恰好与本书分析草场流转对不同收入层级牧民收入的影响机制一致。对此参照陈强（2014）关于分位数回归模型的介绍，构建如式（5-2）的估计方程，其中，β_q 是 q 分位数的回归系数，可以通过式（5-3）最小化问题的定义求得。如果 q=1/2 则称为中位数回归，书中按照 q=1/10、3/10、5/10、7/10 和 9/10 进行分位数回归，比较分析草场流转对牧民收入的影响。

$$y_q(x_i) = x'_i\beta_q \tag{5-2}$$

$$\min_{\beta_q} \sum_{i:y_i \geq x'_i\beta_q}^{n} q\,|\,y_i - x'_i\beta_q\,| + \sum_{i:y_i \geq x'_i\beta_q}^{n} (1-q)\,|\,y_i - x'_i\beta_q\,| \tag{5-3}$$

5.3.2.2 变量的选取

（1）牧民家庭收入。主要用总收入、牧业收入和非牧业收入刻画草场流转对牧民家庭收入的影响。牧业收入主要由家庭畜牧业的收入、国家草原生态补偿收入、草场流转收入等构成，非牧业收入由打工收入或从事二三产业收入构成，如经营牧家乐、个体经销、倒卖物产等获得的经营收入。牧业收入，依据实际调研获得牧民家庭畜牧养殖结构数据，按照 1 头牛和 1 匹马折算为 5 个标准羊单位，1 头骆驼折算为 7 个标准羊单位统一折算成标准羊单位，再根据往年牧民牲畜出栏率和标准羊单位的收入计算测得，生态补偿收入、流转费用依据牧民访谈问卷直接获得。非牧业收入，根据实际问卷调研获得、或者由月收入计算得到年收入。总收入，由牧业收入和非牧业收入加总求得。

此外，为清晰地剖析草场流转对不同收入层级牧民家庭收入的影响，按照 1/10、3/10、5/10、7/10 和 9/10 分位点进行划分，论述草场流转对低收入层级、中低收入层级、中等收入层级、中高收入层级和高收入层级牧民家庭收入的影响。

针对全样本而言，牧民家庭牧业收入的最小值为 1833 元，最大值为 159500 元，均值为 36592 元，标准差是 29133。非牧业收入的最小值 5128 元，最大值是 37949 元，均值 10466 元，标准差是 6224。总收入的最小值是 7878 元，最大值是 169756 元，均值是 47058 元。可以看出，牧业收入依然在牧民家庭收入占据绝对地位。比较参与草场流转与未参与草场流转样本的总收入可知，未参与草场流转样本的牧民户均总收入为 46772 元，最小值是 7878 元，最大值是 169756 元。而参与草场流转样本的牧民户均总收入为 47825 元，高于未流转草场样本牧民的总收入，即草场流转有助于提高牧民总收入，且最小值也高于未流转样本。同时，参与草场流转样本牧民非牧业收入的均值、最大值均显著高于未流转样本。而未参与草场流转牧民牧业收入则显著高于参与草场流转样本的牧民（见表5－1）。由于研究的调研时间跨度大，受实际调研顺序前后的影响，本章使用的全样本为386份有效样本。

表5－1　牧民草场流转样本特征的描述分析

		均值	标准差	最小值	最大值
全样本 386	牧业收入	36592	29133	1833	159500
	非牧业收入	10466	6224	5128	37949
	总收入	47058	30149	7878	169756
	是否干部	0.20	0.4	0	1
	知识有效性	4.68	3.35	1	12
	劳动有效性	140.54	49.39	48	304
	兼业程度	0.73	0.17	0.15	0.96
	草场规模	2.03	0.86	1	3
	生产资本	2.24	0.67	1	3
未参与草场 流转样本 281	牧业收入	37563	27715	1833	138987
	非牧业收入	9209	4908	5128	35897
	总收入	46772	29025	7878	169756
	是否干部	0.2	0.4	0	1
	知识有效性	4.76	3.3	1	12
	劳动有效性	139.43	49.79	48	304
	兼业程度	0.76	0.15	0.15	0.96
	草场规模	2.05	0.86	1	3
	生产资本	2.28	0.65	1	3
参与草场 流转样本 105	牧业收入	33993	32629	3667	159500
	非牧业收入	13832	7928	5128	37949
	总收入	47825	33105	8795	169756
	是否干部	0.22	0.42	0	1
	知识有效性	4.47	3.5	1	12
	劳动有效性	143.5	48.43	56	272
	兼业程度	0.67	0.2	0.21	0.96
	草场规模	1.97	0.88	1	3
	生产资本	2.14	0.73	1	3

（2）牧民个体特征。由已有研究结论可知，牧民年龄、教育程度、健康程度对草场流转、家庭收入均有不同程度的影响（李惠梅等，2013）。本书结合牧区调研访谈认为，年龄、教育程度和健康程度的交互作用会显著影响到草场流转和家庭收入。罗伯特·索洛也曾使用劳动和知识有效性的乘积研究有效劳动对经济增长的影响，对此本书用知识有效性（梯度年龄×受教育程度）、劳动有效性（实际年龄×健康程度）表征牧民个体特征对草场流转、家庭收入的影响。其中，年龄、教育程度和健康程度来自调研问卷，梯度年龄的定义是牧民实际年龄≤35岁为"1"，这类牧民出生于1983年，而2011年国家实施草原生态奖补政策时年近30岁，是研究生态政策对牧民草场经营和收入影响的重要群体；年龄≥50岁为"3"，这类牧民出生于1968年，到1998年已经30岁，既经历过集体公社化的畜牧生产时代，又经历过1984年第一次草原承包经营改革和1999年再次延长草原承包年限的改革，具有典型的时代特征；年龄35～50岁为"2"，这类牧民经历过后两个时期的改革，其畜牧生产决策行为也值得研究。教育程度的定义：初中及以下学历为"1"，高中学历为"2"，大专及以上学历为"3"。健康程度：根据牧户家庭医疗支出定义，家庭医疗支出大于2001元定义为较差=1，1001元～2000元定义为一般=2，1000元以下定义为良好=3。问卷访谈对象绝大多数是哈萨克族和蒙古族的男性牧民，为避免选择偏差不将牧户的性别、民族纳入模型。

（3）牧民家庭特征。兼业程度：根据牧民家庭牧业收入与总收入的比重确定，牧业收入比重低于40%的牧户定义为非牧业型，40%～80%定义为兼业型，大于80%定义为牧业型。

草场规模：调研发现新疆和内蒙古不同牧业县的草场面积存在较大差异，如果按照均值比较极容易产生较大偏差。因此借鉴李景刚等（2014）的研究做法，按照不同区域均值水平采取低于均值80%为小规模，高于均值120%为大规模，剩余中间部分为中等规模，分别定义牧户样本的草场规模和养殖规模类型，用于区分各地区牧户家庭畜牧资源禀赋的等级差异。

生产资本：按照牧民家庭是拥有打草机、搂草机、拖拉机以及卡车、汽车、摩托车等生产、运输工具的数量定义，家庭拥有1种及以下的生产或运输工具为"1"，拥有2～3种为"2"，拥有4种及以上为"3"，分别表征家庭生产资本状况。

5.4 模型估计结果与分析

利用 Stata 15.0 分别对是否参与草场流转的样本、参与草场转入的样本和参与草场转出的样本进行倾向匹配得分分析，得到处理组 ATT。匹配后 Pseudo R^2 均小于 0.07，似然比检验被拒绝，标准偏差均值与中位数不同程度下降，但部分核匹配估计非牧业收入的 B 值大于 25%，大部分均小于 25%，匹配结果基本满足平衡性检验，倾向得分匹配结果基本可靠。按照同样的思路，分别在 q = 1/10、3/10、5/10、7/10 和 9/10 进行分位数回归（自助法重复 500 次），比较草场流转对牧民家庭收入结构的影响。模型估计结果的 R^2 均较好，表明分位数回归拟合效果较好，基本满足分析需要。

5.4.1 草场流转对家庭收入影响的实证分析

（1）参与草场流转对牧民家庭收入的影响。表 5 - 2 的估计结果显示，参与草场流转对提高牧民家庭总收入、牧业收入和非牧业收入均具有显著影响，并分别通过 1%、5%、1% 显著水平检验，且三种匹配方法估计结果相似，反映出估计结果较为稳定。

表 5 - 2　是否参与草场流转对牧民家庭收入的处理效应

	匹配方法	处理组	控制组	处理组	ATT	标准差	t 值
总收入	近邻匹配	104	278	0.2750		0.0902	3.05
	卡尺匹配	104	278	0.2750	0.27	0.0902	3.05
	核匹配	104	278	0.2611		0.0819	3.19
牧业收入	近邻匹配	104	278	0.2094		0.1241	1.69
	卡尺匹配	104	278	0.1939	0.20	0.1135	1.71
	核匹配	104	278	0.1937		0.1122	1.73
非牧业收入	近邻匹配	104	278	0.3625		0.0749	4.84
	卡尺匹配	104	278	0.3585	0.36	0.0720	4.98
	核匹配	104	278	0.3557		0.0713	4.99

就总收入而言，其平均处理效应的均值为0.27，说明在消除参与草场流转的牧民以及未参与草场流转牧民可观测异质性可能导致的显性偏差后，参与草场流转的牧民总收入比其如果不参与草场流转的总收入高27%，即，参与草场流转对提高家庭收入具有显著正向影响，这一结论基本与张引弟等（2010）、赖玉珮等（2012）、胡振通等（2014）、谭淑豪等（2018）等诸多学者研究结论一致。同理，参与草场流转对牧民牧业收入、非牧业收入的ATT分别为0.20、0.36，表明参与草场流转对提高牧民非牧业收入的效应更显著。牧民由传统游牧逐渐向定居转变，畜牧生产方式发生较大变化。定居后的牧民家庭逐渐向非牧业领域转移，尤其政府鼓励草场流转政策的出台，使牧民城乡流动性显著提升，收入渠道不断丰富多样，直接或间接提高了非牧业收入。即使未参与草场流转的牧民，因工作机会的增多，利用闲暇时间从事短期、打零工的概率增加，进而提升非牧业收入。

（2）转入草场对牧民家庭收入的影响。参与草场转入对提高牧民家庭总收入、牧业收入影响的估计结果基本通过10%显著水平检验，但对非牧收入的影响不显著，三种匹配方法估计结果相似，反映出模型估计结果较为稳定。从理论上分析，牧民转入草场扩大养殖规模，牧业收入和总收入自然呈现快速增长的趋势。但比较发现，表5-3中总收入、牧业收入的ATT低于表5-2，表明转入草场的增收效应低于草场流转的整体效应。调研访谈得知，2016～2017年新疆和内蒙古的牛羊价格出现不同程度下降，是造成牧民收入短期下降的主要因素。此外，近两年新疆、内蒙古等多地降水量偏少，导致草场长势差于往年，也是影响牧民增收不显著的因素之一。同时，赖玉珮（2012）等指出牧户经营管理能力对家庭收入也具有显著影响作用。2016年，国家实施新一轮草原奖补政策，据国家林业局统计，自2011年以来累计投入1326余亿元用于草原生态奖补，对增加牧民收入起到了显著作用，一定程度上缓解了牛羊市场波动带来的不利影响。表5-3显示，转入草场牧民比其如果不转入草场的总收入、牧业收入分别高出约16%、19%。

表5-3 转入草场对牧民家庭收入的处理效应

	匹配方法	处理组	控制组	处理组	ATT	标准差	t 值
总收入	近邻匹配	59	317	0.1946	0.16	0.1043	1.87
	卡尺匹配	58	317	0.1477		0.0979	1.51
	核匹配	58	317	0.1488		0.0979	1.52

续表

	匹配方法	处理组	控制组	处理组	ATT	标准差	t 值
牧业收入	近邻匹配	59	317	0.2375		0.1428	1.66
	卡尺匹配	58	317	0.1674	0.19	0.1320	1.27
	核匹配	58	317	0.1687		0.1320	1.28
非牧业收入	近邻匹配	59	317	0.0548		0.0870	0.63
	卡尺匹配	58	317	0.0682	0.06	0.0811	0.84
	核匹配	58	317	0.0667		0.0812	0.82

（3）转出草场对牧民家庭收入的影响。参与草场转出对提高牧民家庭总收入、非牧业收入影响的估计结果分别通过10%、1%显著水平检验，但对牧业收入的负向影响不显著，三种匹配方法估计结果相似，表明模型估计较为稳定（见表5-4）。

表5-4　转出草场对牧民家庭收入的处理效应

	匹配方法	处理组	控制组	处理组	ATT	标准差	t 值
总收入	近邻匹配	44	334	0.1822		0.1068	1.71
	卡尺匹配	44	335	0.1467	0.16	0.0923	1.59
	核匹配	44	335	0.1521		0.0921	1.65
牧业收入	近邻匹配	44	334	-0.0441		0.1518	-0.29
	卡尺匹配	44	335	-0.0694	-0.06	0.1305	-0.53
	核匹配	44	335	-0.0651		0.1303	-0.50
非牧业收入	近邻匹配	44	334	0.4859		0.0926	5.25
	卡尺匹配	44	335	0.5244	0.51	0.0825	6.36
	核匹配	44	335	0.5267		0.0823	6.40

由表5-4可知，草场转出对提高牧民非牧业收入的影响高于总收入的平均处理效应，转出草场牧民比其如果不转出草场的非牧业收入高出51%，总收入高出16%。之所以非牧业收入ATT如此之高，一方面是由于牧民转出草场后，能够全职从事二三产业，获得相对稳定的经营收入，非牧业收入自然得到显著提升。另一方面未转出草场的牧民主要精力投入在畜牧经营上，无暇或不愿意兼业获取额外收入，非牧业收入占家庭总收入的比重较低。转出草场对牧业收入影响

不显著，在实际调研样本中部分牧民虽然转出草场，却依旧将牛羊委托代牧进行经营，虽然牲畜数量减少，但仍能获得生态奖补、生产补贴等收入，因此模型估计结果未达到显著，反而更能说明牧区畜牧生产变迁的实际状况。即，转出草场不表示牧民没有畜牧经营收入。至此，实证分析表明草场流转对提高收入、调整家庭收入结构均有显著影响。

5.4.2　草场流转对不同收入层级牧民影响的实证分析

表 5 – 5、表 5 – 6、表 5 – 7 分别是基于 q = 1/10、3/10、5/10、7/10 和 9/10 进行分位数回归的估计结果，并列出 OLS 估计结果作为参照。

（1）草场流转对不同分位总收入的影响。转出草场在 10 分位数、30 分位数上对牧民家庭总收入的影响通过 10%、5% 显著水平检验，在其他高分位数上未通过检验。在 10 分位数上，转出草场的总收入贡献率为 11%，低于 30 分位数上23% 的贡献率。相比分位数估计结果，OLS 回归显示草场转出对提高总收入的贡献率为 22.3%，并通过 1% 显著水平检验。转入草场在 50 分位数、70 分位数和 90 分位数通过 10% 和 5% 的显著水平检验，并且对家庭总收入的贡献率依次上升到 22.6%，高于 OLS 的估计系数，表明草场转入对高收入分位数牧民的正效应更显著。这一结论与郭君平等（2018）关于农地流转收入分配效应的研究结论基本一致，表明牧区也呈现出因草场流转导致牧民贫富差距扩大的趋势（见表 5 – 5）。

表 5 – 5　牧民家庭总收入方程分位数回归结果

	OLS	QR_ 10	QR_ 30	QR_ 50	QR_ 70	QR_ 90
是否转出	0. 223 ***	0. 110 *	0. 230 **	0. 150	0. 137	0. 023
	(0. 0738)	(0. 0670)	(0. 1100)	(0. 0987)	(0. 1110)	(0. 1060)
是否转入	0. 212 ***	0. 0727	0. 1010	0. 140 *	0. 213 **	0. 226 **
	(0. 0633)	(0. 0691)	(0. 0941)	(0. 0846)	(0. 0954)	(0. 0905)
是否干部	0. 130 **	− 0. 0150	0. 0228	0. 195 **	0. 25 ***	0. 1210
	(0. 0566)	(0. 0618)	(0. 0842)	(0. 0757)	(0. 0853)	(0. 0809)
知识有效性	0. 0126 *	0. 0114	0. 0088	0. 0040	0. 0195 *	0. 032 ***
	(0. 0070)	(0. 0077)	(0. 0105)	(0. 0094)	(0. 0106)	(0. 0101)
劳动有效性	0. 0006 *	0. 0013 **	0. 0016 *	0. 0009	0. 0006	− 0. 0002
	(0. 0004)	(0. 0005)	(0. 0007)	(0. 0006)	(0. 0007)	(0. 0007)

	OLS	QR_ 10	QR_ 30	QR_ 50	QR_ 70	QR_ 90
草场规模	0. 117 ***	0. 0546 *	0. 11 ***	0. 086 **	0. 174 ***	0. 178 ***
	(0. 0267)	(0. 0292)	(0. 0397)	(0. 0357)	(0. 0402)	(0. 0382)
兼业程度	2. 117 ***	2. 817 ***	1. 95 ***	2. 10 ***	1. 96 ***	1. 52 ***
	(0. 1480)	(0. 1620)	(0. 2200)	(0. 1980)	(0. 2230)	(0. 2120)
生产资本	0. 107 ***	0. 0739 *	0. 0833	0. 0674	0. 129 **	0. 102 **
	(0. 0362)	(0. 0395)	(0. 0538)	(0. 0484)	(0. 0545)	(0. 0518)
_ cons	8. 990 ***	8. 081 ***	8. 895 ***	9. 141 ***	9. 136 ***	9. 944 ***
	(0. 1320)	(0. 1440)	(0. 1970)	(0. 1770)	(0. 1990)	(0. 1890)
R2	0. 4618	0. 3948	0. 2949	0. 2562	0. 2272	0. 3074

注：* 、** 和 *** 分别表示在 10% 、5% 和 1% 的水平上显著。

家庭是否有干部对中分位数和中高分位数牧民家庭收入具有显著正效应。伴随国家不断推进乡村自治，村长（嘎查长）在资源配置上表现出越来越大的权力，受牧区农村深厚部落关系网络的影响，部分高收入家庭通过直接或间接的方式与村干部建立关系而获得利益。而低收入家庭有干部的概率显著低于中高分位数和高分位数牧民家庭，这一现象也频繁出现于其他农村地区（李长生等，2015；仇童伟等，2018），赖玉珮等（2012）、胡振通等（2014）有关内蒙古草场流转的研究也得到类似结论。

知识有效性对高分位数牧民总收入的正效应高于对中高分位数、低分位数牧民的影响，但对中分位数、中低分位数的影响不显著。劳动有效性对中分位数及以下分位数牧民总收入的影响显著，通过 10% 和 5% 显著水平检验。从实践访谈发现，低收入牧民其本身受教育程度较低，很多牧民甚至不会说汉语，因而限制了就业范围，大多从事体力劳动工作，因而健康的身体对提高收入的影响高于受教育水平。相反，高收入水平的牧民首先会说较为流利的汉语，文化程度虽然不高，但是脑袋灵活、善于发掘机会、就业能力更强，多从事司机、旅游、"二道贩子"① 等二三产业，因而知识有效性的作用更显著。相对而言，草场规模、兼业程度均在各个分位数上显著影响牧民总收入，与 OLS 估计结果基本一致，均通过 5% 以上的显著水平检验。生产资本对中低分位数、中分位数和中高分位数牧

---

① "二道贩子"属于口语，多指代以倒卖商品赚取差价的中间商。

民总收入的影响通过10%以上的显著水平检验，对低分位数和高分位数的影响不显著。

（2）草场流转对不同分位牧业收入的影响。草场转出在各个分位数上对牧民牧业收入的影响均不显著，转入草场对中高分位数、高分位数牧民牧业收入具有显著影响，通过5%和10%显著水平检验。即，转入草场对提高中高分位数和高分位数牧业收入的贡献率分别达到24.7%、17.9%，同OLS估计结果基本相近。再次论证了草场转入对高收入分位牧民的影响更显著，也是拉大牧民收入差距的因素之一。家庭成员是否有干部、草场规模、兼业程度、生产资本等控制变量对牧业收入的影响存在差异，而知识有效性对中高分位数和高分位数的影响显著，劳动有效性对低分位数牧民的影响显著，在其他分位数上的影响未通过显著水平检验（见表5-6）。

表5-6 牧民家庭牧业收入方程分位数回归结果

	OLS	QR_10	QR_30	QR_50	QR_70	QR_90
是否转出	0.0449	-0.063	0.175	0.0922	0.0887	0.112
	(0.079)	(0.072)	(0.115)	(0.100)	(0.111)	(0.122)
是否转入	0.219***	0.0925	0.0764	0.107	0.247**	0.179*
	(0.067)	(0.062)	(0.098)	(0.086)	(0.095)	(0.104)
是否干部	0.138**	0.0195	0.0031	0.161**	0.245***	0.188**
	(0.059)	(0.055)	(0.088)	(0.077)	(0.085)	(0.093)
知识有效性	0.0018	0.0005	-0.0065	-0.0061	0.0161*	0.0248**
	(0.007)	(0.006)	(0.011)	(0.010)	(0.010)	(0.012)
劳动有效性	0.0006**	0.001**	0.0010	0.0004	0.0003	-0.0010
	(0.000)	(0.000)	(0.007)	(0.007)	(0.007)	(0.008)
草场规模	0.134***	0.0595**	0.151***	0.0857**	0.153***	0.187***
	(0.028)	(0.026)	(0.042)	(0.036)	(0.040)	(0.044)
兼业程度	3.712***	4.550***	3.702***	3.691***	3.506***	3.392***
	(0.156)	(0.144)	(0.230)	(0.201)	(0.223)	(0.244)
生产资本	0.128***	0.0555	0.0931*	0.131***	0.146***	0.0945
	(0.038)	(0.035)	(0.056)	(0.049)	(0.055)	(0.060)
_cons	7.448***	6.570***	7.243***	7.599***	7.715***	8.343***
	(0.140)	(0.129)	(0.206)	(0.180)	(0.200)	(0.218)
R2	0.6748	0.5627	0.4582	0.4155	0.3889	0.4217

注：*、**和***分别表示在10%、5%和1%的水平上显著。

（3）草场流转对不同分位非牧业收入的影响。转出草场在各分位数上均显著影响非牧业收入，且通过1%显著水平检验，影响系数从高分位数向低分位数依次增加。即，转出草场对提高低分位数牧民非牧业收入的贡献率达到69%，OLS估计的系数为54.5%。转入草场在50和70分位数上通过10%显著水平检验。其他变量在各分位数上对非牧业收入的影响发生不同程度变化，是否干部依然在50分位数及以上的影响通过10%、5%显著水平检验，知识有效性在70和90分位数上的影响显著，通过5%显著水平检验。劳动有效性在各分位数上的影响不显著，草场规模在90分位数上的影响显著，兼业程度在30、50、70和90分位数上对非牧业收入有显著负向影响，且通过1%显著水平检验。相对各分位数回归，OLS回归结果中，劳动有效性对牧民非牧业收入影响不显著，兼业程度显著负向影响非牧业收入，其他变量均表现出显著正效应。至此，实证分析表明草场流转对不同收入层级牧民的家庭收入有显著差异影响（见表5-7）。

表5-7　牧民家庭牧业收入方程分位数回归结果

	OLS	QR_10	QR_30	QR_50	QR_70	QR_90
是否转出	0.0449	−0.063	0.175	0.0922	0.0887	0.112
	(0.079)	(0.072)	(0.115)	(0.100)	(0.111)	(0.122)
是否转入	0.219***	0.0925	0.0764	0.107	0.247**	0.179*
	(0.067)	(0.062)	(0.098)	(0.086)	(0.095)	(0.104)
是否干部	0.138**	0.0195	0.0031	0.161**	0.245***	0.188**
	(0.059)	(0.055)	(0.088)	(0.077)	(0.085)	(0.093)
知识有效性	0.0018	0.0005	−0.0065	−0.0061	0.0161*	0.0248**
	(0.007)	(0.006)	(0.011)	(0.010)	(0.010)	(0.012)
劳动有效性	0.0006**	0.001**	0.0010	0.0004	0.0003	−0.0010
	(0.000)	(0.000)	(0.007)	(0.007)	(0.007)	(0.008)
草场规模	0.134***	0.0595**	0.151***	0.0857**	0.153***	0.187***
	(0.028)	(0.026)	(0.042)	(0.036)	(0.040)	(0.044)
兼业程度	3.712***	4.550***	3.702***	3.691***	3.506***	3.392***
	(0.156)	(0.144)	(0.230)	(0.201)	(0.223)	(0.244)
生产资本	0.128***	0.0555	0.0931*	0.131***	0.146***	0.0945
	(0.038)	(0.035)	(0.056)	(0.049)	(0.055)	(0.060)
_cons	7.448***	6.570***	7.243***	7.599***	7.715***	8.343***
	(0.140)	(0.129)	(0.206)	(0.180)	(0.200)	(0.218)
R2	0.6748	0.5627	0.4582	0.4155	0.3889	0.4217

注：*、**和***分别表示在10%、5%和1%的水平上显著。

5.5　本章小结

本章主要围绕牧民草场流转对生态减贫的直接效应分析，以新疆和内蒙古的调研样本为例，基于牧民是否参与草场流转为主线，采用 PSM 和分位数回归模型，从家庭总收入、牧业收入和非牧业收入剖析草场流转对牧民家庭收入结构的影响。研究结果表明：①整体而言，草场流转有助于提高牧民家庭收入。②PSM 估计结果显示，转入草场组牧业收入的平均处理效应高于总收入、非牧业收入的平均处理效应；转出草场组非牧业收入的平均处理效应显著高于总收入，牧业收入的平均处理效应为负，但未通过显著性检验。③分位数回归结果表明，转入草场对牧民非牧业收入的影响不显著，对牧业收入有显著正向影响；转出草场对牧民非牧业收入有显著正向影响，对牧业收入的影响不显著；相对低收入层级牧民，转入草场对高收入层级牧民牧业收入的作用更大，并可能扩大牧民贫富差距，而转出草场对此影响不显著。④户主的知识有效性、劳动有效性以及家庭是否有干部、草场规模、兼业程度和生产资本对牧民家庭收入结构的影响也表现出较大差异。

第6章 生态视角下草场流转的
生态减贫效应分析

上一章基于收入视角分析牧民草场流转的生态减贫效应，作为对第5章的延伸，本章将着重从生态视角分析牧民草场流转的生态减贫效应。基于第2章理论框架，从生态视角分析草场流转的效应，对进一步推动草场流转、提高畜牧业现代化发展水平以及加强草原生态保护具有重要意义。对此，本章拟纳入"草场压力"和"草场退化"指标分析草场流转的生态减贫效应，阐述草场流转在提高牧民收入和缓解草场生态压力，有效衔接草原生态保护与畜牧业可持续发展发挥出的重要作用。

6.1 引言

自20世纪90年代，草畜双承包经营制度的实施初期，在提高牧民劳动积极性、解放牧区生产力以及推动畜牧业发展起到了重要作用（刘红霞，2016；史雨星等，2018）。经过近30年的发展，暴露出的草场细碎化、生态功能退化问题日益凸显，严重阻碍草原畜牧业现代化发展的同时，并对国家生态安全构成了威胁（陈洁等，2003；王晓毅，2009）。针对草场生态退化现象①，除了气候变化、自然灾害的影响（Allington, Li et al., 2017; Khalifa, Elagib et al., 2018），诸如超载过牧、肆意开垦、矿产开发等人类活动，也是造成草场退化的关键因素

---

① 据2015年第五次全国荒漠化和沙化监测结果显示，2014年全国荒漠化和沙化土地面积分别高达2.6亿公顷、1.7亿公顷。

（Gao，Kinnucan et al.，2016；Allington，Li et al.，2017）。国家为应对自然和人为因素对生态环境的破坏，一方面加强异常气候监测、灾害预警体系的建设，另一方面完善法律法规，建立严厉的执法惩处体系以及提高草原生态奖补标准，对草原资源合理开发、生态保护起到积极作用。

针对草场细碎化现象，有学者指出"草畜双承包"政策的实施打破了草原传统游牧的生产方式，牧民普遍面临生产成本增加和草场退化等问题（王晓毅，2009；杨理，2011；刘红霞，2016）。为降低草原细碎化对畜牧生产的消极影响，牧区政府与基层组织通过发展畜牧合作社、联户合作经营以及社区共营、草场流转等尝试，创新畜牧生产方式、扩大经营规模，发展现代畜牧业（王晓毅，2009；赖玉珮等，2012；杨理，2007；余露等，2011）。实践表明，与其他方式相比，草场流转不需要相对复杂的法规合同、村规民约，因操作灵活、经营自由而受到牧民的青睐。据谭淑豪等（2018）调研显示，呼伦贝尔市和锡林郭勒盟草场流转发生率已经达到47%，部分旗县的流转水平甚至高达60%。

大量研究指出，草场流转在调整牧区产业结构、转移剩余劳动力、优化资源要素配置、缓解草场细碎化问题、提高牧民生活质量、推动草原畜牧业可持续发展等方面均有重要作用（余露等，2011；赖玉珮等，2012；张裕凤等，2015）。学界针对草场流转的研究，由起初对牧民草场流转的参与意愿（张引弟等，2010；李静等，2018）、影响因素（薛凤森等，2010；谭淑豪等，2018）的分析，到草场流转的规范化管理（余露等，2011；李启芳等，2016）、市场化流转机制（杨理，2011；余露等，2011）的探讨，再到草场流转对牧民收入、草场生态影响的延伸（赖玉珮等，2012；胡振通等，2014）。尤其近年来的多数研究结果显示，草场流转对提高牧民收入具有积极作用。王晓毅（2009）认为草场以市场价格流转，对于保护草原和增加牧民收入具有积极意义。张引弟等（2010）对锡林郭勒盟阿巴嘎旗30户牧户畜牧生产资料的分析显示，转入草场的牧民因草场面积的扩大，增加了畜产品（羊羔、羊绒）产出，而显著提高了家庭收入。张美艳等（2019）基于内蒙古锡林郭勒盟209份牧民样本的实证分析显示，草场流转牧户比未流转牧户的家庭人均收入高出52.4%。同时部分学者的研究认为，草场流转能够部分缓解草场放牧压力、提高牧民收入，但无法改善贫困户的生计困境，并加剧了贫富分化现象（赖玉珮等，2012）。即草场流转对不同参与主体的影响程度存在差异。谭仲春等（2018）研究指出相对于未参与草场流转的牧户而言，参与草场流转能够显著提高牧户技术效率，进而影响到家庭收入。

与之相形见绌，关于草场流转与生态保护的研究较为缺乏，且多以定性分析为主。王晓毅（2009）曾明确指出，草场流转价格的市场化能够提高所有者保护草原的积极性，但并未对内在影响机理展开深入论述。类似结论在刘建利（2008）、余露等（2011）的研究中也曾提及。赖玉珮等（2012）对内蒙古新巴尔虎右旗一个牧业嘎查（村）61户牧户的调研指出，牧民对流转草场放牧压力的关注较少，且缺乏有效监督，因而草场生态的改善效果不显著。在进一步的研究中，胡振通等（2014）通过构建草场面积与牲畜数量的家庭生产函数，比较草场流转后的草场压力。其实证结果显示，租入草场面积越多的牧户，其载畜率越高，草场放牧压力越小，进而认为草场流转有助于草原生态保护。遗憾的是，并未继而讨论对牧民收入的影响效应。根据现有文献的研究思路发现，草场流转有助于协调草场资源的配置，提高牧民收入和缓解草场生态压力，似乎能够有效衔接草原生态保护与畜牧业可持续发展，但鲜有研究对此命题的影响机制展开探讨。

文献梳理发现，已有研究存在以下几点不足：一是多数研究更侧重于对草场流转经济效益的测度，鲜有涉及草场流转与草原生态保护的定量研究。二是已有研究相对孤立地分析了草场流转对牧民收入和草场生态保护的影响，缺乏统一研究框架下的考量和测度。三是少数针对草场流转与生态保护的研究中，研究样本代表性不足、多以定性分析为主，忽视对经济效益的测度。显然，草原生态保护与牧民生计发展是草原畜牧业管理的中心议题（王晓毅，2009），一切依赖草原资源的产业，面临如何协调经济发展与生态保护的矛盾关系。鉴于此，本书基于已有研究逻辑的基础，同时从经济效益和生态效益比较草场流转效应，探索草场流转⇒草场压力⇒草场生态⇒牧民收入的逻辑关系。即，尝试通过实证分析论述草场压力在草场流转对牧民家庭收入的中介效应，以及草场退化在草场压力影响牧民家庭收入中介作用中的调节效应，为有效衔接草原畜牧业发展与生态保护、落实牧区振兴战略，提供资料借鉴和政策启示。

6.2 生态视角下草场流转的生态减贫机制分析

6.2.1 生态视角下草场流转对牧民收入的影响分析

基于传统理性经济人的假设，认为牧民参与草场流转决策时，一方面是根据自身家庭劳动力、社会资本和自然资源等家庭禀赋差异的权衡，另一方面是对草原畜牧业发展前景的预判、草原政策和预期收入期望等社会环境的考量。因而参与草场流转的牧民，一定程度上意味着主要生计策略的转变。为便于数据分析，拟用草场流转主体的预期收入展开讨论。

针对草场转出主体，转出草场的流转收入、预期可获得的工资性收入以及草原补贴收入高于自己经营草场的收入，牧民则可能参与转出草场行为。反则，针对草场转入主体，转入草场的预期经营收益高于未转入草场的收益，则可能转入草场。换而言之，在不考虑市场与自然风险时，参与草场流转均有助于提高双方的收入。从实践经验看，草场转入主体除考虑流转草场的预期收益，通过流转草场实现劳动力、生产工具等家庭资源禀赋与草场规模的有效匹配、获得规模经营收益，也是其主要考虑因素之一（谭淑豪等，2018）。转出草场的主体，相对拥有充足的时间和精力兼职或全职从事畜牧业生产或转移到二三产业，获得较为稳定的收入。张美艳等（2019）将转出草场牧民收入的增加，归结于劳动力转移效应和学习效应的非牧增收机制在起作用；转入草场牧民的收入增加，归结于规模效应和拉平效应的牧业增收机制在起作用。此外，张引弟等（2010）、余露等（2011）、胡振通等（2014）学者在牧民草场（草原）流转影响因素的研究中也有类似论述。

6.2.2　草场流转对牧民收入影响的生态中介效应分析

生态环境退化的恶性循环是造成地区贫困落后、经济社会非持续发展的重要原因（杜明义、余忠淑，2013），如边远山区、地带性交汇等生态脆弱地区因生态环境恶劣而引起贫困问题，仅依靠资金、制度或人力资源难以改变其贫困的根源（鲍青青等，2009）。Declerck F、Jane C.（2006）认为生态环境与人类发展始终处于共生的关系，人类对生态环境的过度开采，带来生态退化的同时也导致地区贫困的发生，甚至使农牧民的生活陷入极度贫困（托达罗，1992）。

在有关反贫困的研究中，有学者提出生态型反贫困的方法，通过加大生态环境的建设投入、改善生态贫困状态，进而有助于提高穷人的生计水平（Declerck F et al.，2006；Sherbinin A D et al.，2008；Pijanowski B C et al.，2010）。针对牧民超载过牧导致草场生态功能的退化，已有研究表明草场流转能够改善草场生态环境，并对牧民生计带来积极影响（赖玉珮等，2012）。基于生态贫困理论，研究认为牧民草场流转有助于缓解草场放牧压力、改善草场生态环境，同时也有助于增加牧民收入。在相关实证研究中，有学者指出草场流转能够提高草场载畜率，起到保护草场生态的作用（胡振通等，2014），但并未考虑对收入的影响。草场载畜率的提高，意味着单位草场面积可放牧牲畜数量的减少，按理应该不利于牧民收入的提升。但从长期来看，草场生态的改善和规模的扩大，进而获得了规模效应，增加了家庭收入。基于实践调研发现，牧民转入草场有效扩大了养殖规模，草场面积的增加使小区域轮牧成为可能，部分缓解了因牲畜增加造成的草场放牧压力，但也存在转入草场后仍出现退化的现象。进一步研究发现，参与流转草场的生态环境的改善或退化会影响到牧民增收效应。由此假设，在草场流转影响草场压力、牧民收入的路径中，受到流转草场生态退化（草场退化）的影响。

6.3　研究框架与模型构建

6.3.1　研究框架

结合上文关于草场流转、草场压力与牧民收入的分析，以草场转入主体为例，构建研究框架（见图6-1）。草场流转主体通过流转草场，一方面实现对家庭劳动力、自然资源进行重新配置，或扩大养殖规模或选择产业转移，随着牧民收入渠道的不断丰富，自然影响到家庭收入和收入结构的变化。另一方面转入草场主体，随着家庭牲畜养殖规模的扩大，草场放牧压力随之发生变化，草场生态环境的改善或退化又影响到草场生态承载力，进而约束草场放牧牲畜的数量，对牧民收入产生影响。

图6-1　生态视角下草场流转对牧民收入影响路径分析

为进一步解析草场压力在草场流转对牧民收入影响路径中的作用，设计研究方案时，首先，通过描述统计分析牧民草场转入前后的草场压力、牧业收入及非牧业收入的变化情况；其次，建立多元线性回归模型检验，草场流转、草场压力、草场退化以及控制变量对牧民家庭收入结构的影响；最后，在此基础上构建中介效应和有调节的中介效应模型，探析草场流转⇒草场压力⇒草场生态⇒牧民收入的影响路径。其中，草场流转的含义同胡振通等（2014）多数学者的定义一致，依据国家《农村土地承包经营权流转管理办法》（2005）以及新疆维吾尔自治区关于草原管理条例和内蒙古自治区关于草原管理条例等文件规定。草场压力拟采用牧民家庭草场面积（自有草场面积和转入草场面积）与家庭牲畜数量（均转化为标准羊单位）计算得到的草场载畜率表征，牧业收入与非牧业收入由访谈问卷资料整理所得，牧业收入主要由家庭经营畜牧业的收入、国家草原生态补偿收入以及参与草场流转的流转费用收入等构成，非牧业收入主要由打工或从事二三产业收入构成，如通过打零工、经营牧家乐以及个体工商户等渠道获得的经营收入。

6.3.2　模型构建与变量选取

6.3.2.1　模型的选取

（1）多元线性回归模型。根据研究框架设置，采用多元线性回归测度草场流转、草场压力、草场退化以及控制变量对牧民家庭收入的影响。多元线性回归分析被广泛运用于诸多学科的研究中，探讨因变量与自变量之间的相互影响关系。依据上文理论分析，假设牧民家庭收入（y）受到草场流转（x_1）、草场压力（x_2）、草场退化（x_3）以及其他自变量（x_j）的影响，由此建立多元线性回归模型：

$$y_i = \beta_0 + \beta_1 x_1 + \beta_2 x_2 + \cdots + \beta_n x_j + \mu \qquad (6-1)$$

其中 β_0，β_i，$\cdots$，β_n 表示对应自变量对因变量影响的待估系数，$i = 1$，2，3 分别表示牧业收入、非牧收入和总收入，$j = 1$，2，3，$\cdots$ 分别表示草场流转、草场压力以及牧民家庭资源禀赋特征变量等自变量，μ 是误差项，表示因变量 y 中不能由 x_j 解释的部分。对于待估系数 β_n，将基于 427 户牧民调研数据，采用普通最小二乘法（OLS）进行估计得到。

（2）中介效应分析方法。有关中介效应的研究，大部分学者采用温忠麟等（2004；2012）翻译并推广的因果逐步回归检验方法。近年来，有学者对该方法的有效性及检验程序的合理性提出质疑（MacKinnon et al.，2002；Preacher and Hayes，2004；Zhao et al.，2010），并推荐由 Preacher 和 Hayes（2004）设计的

Bootstrap 方法进行检验。由 Hayes 及其合作者配合 SPSS 软件设计的 PROCESS 程序插件，可以提供 92 种复杂情况下中介或调节效应的回归检验，被国际顶级学术期刊发表的论文广泛采用。鉴于此，纳入控制变量，建立草场流转（X）⇒草场压力（M）⇒牧民收入（Y）的中介效应模型（见图 6-1a），其回归检验模型见式（6-2）、式（6-3）和式（6-4）。

$$Y = \alpha + aX + e_1 \tag{6-2}$$

$$M = \alpha + bX + e_2 \tag{6-3}$$

$$Y = \alpha + c'X + b'M + e_3 \tag{6-4}$$

纳入草场退化（W）指标，构建第二阶段被调节的中介作用模型，重点检验"草场退化"的调节下，草场压力（M）在草场流转（X）对牧民收入（Y）影响中的中介效应变化（见图 6-1b），其回归检验模型见式（6-3）和式（6-5）。中介效应的分析均使用 Bootstrap 方法利用 PROCESS 程序插件在 SPSS 软件中实现。

$$Y = \alpha + c'X + b'M + b'_1W + b'_2MW + e_4 \tag{6-5}$$

6.3.2.2　变量的选取

（1）因变量。家庭收入，主要包括牧业收入（AIL）与非牧业收入（NIL），根据调研问卷整理得到。牧业收入主要由家庭经营畜牧业的收入、国家草原生态补偿收入以及参与草场流转的流转费用收入等构成。2016 年，国家重新启动草原生态奖补政策，提高了补贴标准，参与草畜平衡、禁牧的牧民每年均有稳定的补贴收入，并且无论是否流转草场，原始承包牧户均能够获得补贴。流转费用收入，是草场转入主体弥补牧民放弃草场经营权的资金支出。非牧业收入主要由打工或从事二三产业收入构成，如通过打零工、经营牧家乐以及个体工商户等渠道获得的经营收入。总收入（TIL），是牧业收入和非牧业收入的总和。

（2）核心变量。草场压力，用草场载畜率表征，根据牧民家庭草场面积（自有草场面积和转入草场面积）与家庭牲畜数量（均转化为标准羊单位①）计算得到，即，载畜率（GP）＝（初始承包草场面积 + 流转草场面积）/养殖规模，载畜率越高草场放牧压力相对越小。

草场退化（ED），由调研问卷题项"您觉得自家承包草场的生态环境是否发生退化？"，回答"没有退化"定义为"0"，回答"退化了"定义为"1"。

草场流转，由问卷题项"您家是否通过转包、出租、互换及入股等方式，转

---

① 参考内蒙古和新疆基本草原保护条例中"羊单位"换算标准，1 头牛和 1 匹马折算为 5 个标准羊单位，1 头骆驼折算为 7 个标准羊单位。

入其他牧民的草场?",回答"没有"定义为"0",回答"有"定义为"1",即为草场转入(Rent-in)。同样根据题项"您家是否通过转包、出租、互换及入股等方式,将初始承包草场转移给其他牧民或组织?",回答"没有"定义为"0",回答"有"定义为"1",即为草场转出(Rent-out)。

(3)控制变量。罗伯特·索洛曾使用劳动和知识有效性的乘积研究有效劳动对经济增长的影响,鉴于此,结合赖玉珮等(2012)、张美艳等(2019)的研究以及牧区调研访谈感知,基于问卷获得的牧户个体和家庭信息,用知识有效性(KE:户主年龄×受教育程度)、劳动有效性(LE:户主年龄×健康程度)表征牧户个体特征对草场流转、家庭收入的影响。其中,年龄和受教育程度来自调研问卷,牧民实际年龄≤35 岁为"1",2010 年国家陆续开展草原生态奖补政策时年近 30 岁,是研究新生群体对生态政策、草原畜牧业经营转型适应性的重要对象;≥50 岁为"3",这类牧民出生于 1968 年,到 1998 年已经 30 岁,既经历过集体公社化的畜牧生产时代,又分别经历过 1984 年第一次草原承包经营改革和1999 年再次延长草原承包年限的改革,具有典型的时代特征;35～50 岁为"2",这类牧民恰好处于这两个时期之间,其草原畜牧业经营决策行为也值得研究[①]。健康程度,根据牧户家庭医疗支出划分,家庭医疗支出 1000 元以下定义为良好,1001～2000 元定义为一般,大于 2001 元定义为较差。

上学子女数量(SC),指牧户家庭子女就读小学、初、高中以及中职、大学的子女数量,主要用于考察家庭教育支出在牧民畜牧生产行为的影响。劳动力比重(LP),指劳动力占家庭人口数的比重,用于考察劳动力禀赋对畜牧生产行为的影响。草场规模(GA),依据调研县级单位样本牧户草场面积的均值,按照低于均值 80% 的牧户定义为小规模型,高于均值 120% 的定义为大规模型,剩余部分定义为中等规模型。养殖规模(FS)的定义同草场规模。生产资本(PC),根据拥有打草机、搂草机、拖拉机以及卡车、汽车、摩托车等生产、运输工具的数量定义,家庭拥有 1 种及以下的生产或运输工具为"1",拥有 2～3 种为"2",拥有 4 种及以上为"3"。另外,因调研访谈对象绝大多数是哈萨克族或蒙古族的男性牧民,考虑到估计偏误,未将性别、族别作为控制变量引入模型。各变量的分布特征见表 6-1。由于研究的调研时间跨度大,受实际写作顺序的影响,本章样本为 427 份有效问卷。

① 由于政策在各牧区的实施存在时间差异,文中时间不完全代表实际执行年份,仅表示大概时间点。

表 6 - 1　牧民草场流转样本特征

变量	总样本（427）			转入样本（70）			转出样本（50）		
	Mean	Min	Max	Mean	Min	Max	Mean	Min	Max
草场压力	17.04	0.2	86	12.74	0.3	52.5	22.50	2.4	61.2
草场退化	0.19	0	1	0.24	0	1	0.30	0	1
牧业收入对数	10.88	8.18	12.65	11.38	9.18	12.65	10.50	8.87	12.04
非牧业收入对数	9.71	7.6	11.21	9.82	7.6	11	10.27	9.21	11.21
总收入对数	11.23	9.39	12.71	11.64	9.39	12.71	11.17	9.75	12.21
是否有干部	0.21	0	1	0.17	0	1	0.26	0	1
知识有效性	4.04	1	12	4.01	2	9	4.36	1	12
劳动有效性	5.38	1	12	6.31	1	12	5.12	1	12
上学子女数量	1.98	0	6	1.99	0	5	1.64	0	5
劳动力比重	0.51	0.14	1	0.53	0.14	1	0.57	0.17	1
草场规模	2.04	1	3	2.06	1	3	2.02	1	3
养殖规模	1.98	1	3	2.19	1	3	1.84	1	3
生产资本	2.19	1	3	2.41	1	3	1.88	1	3

6.4　模型估计结果与分析

多元线性回归模型和描述统计分析使用 Stata 15.0 完成，中介效应分析采用 Hayes 及其合作者设计的 PROCESS 程序插件在 SPSS 软件设计中实现，相关统计检验指标基本满足模型分析需要。

6.4.1　草场流转的生态特征分析

本书引入草场退化和草场压力变量，探析草场流转影响牧民收入路径是否受到生态环境因素的影响。草场流转样本的描述统计显示（见表 6 - 2），未流转样本的草场压力最小值仅为 0.2 亩/羊单位，最大值为 86 亩/羊单位，平均值为 17.1 亩/羊单位，高于转入样本 12.7 亩/羊单位，并低于转出样本 22.5 亩/羊单位。即，相比未流转草场，草场转入能够显著扩大牲畜养殖规模，并有可能增加草场放牧压力。

表 6 – 2 流转草场的生态特征和牧民收入状况

变量	未流转样本（308）			转入样本（70）			转出样本（50）		
	Mean	Min	Max	Mean	Min	Max	Mean	Min	Max
草场压力	17.1	0.2	86	12.7	0.3	52.5	22.5	2.4	61.2
草场退化	0.17	0	1	0.24	0	1	0.30	0	1
牧业收入对数	10.82	8.18	12.36	11.38	9.18	12.65	10.50	8.87	12.04
非牧业收入对数	9.58	7.6	11	9.82	7.6	11	10.27	9.21	11.21
总收入对数	11.15	9.39	12.42	11.64	9.39	12.71	11.17	9.75	12.21

比较流转草场生态环境变化发现，未流转样本平均有 17% 的草场有退化现象，低于转入样本的 24% 和转出样本的 30%，表明流转草场发生退化的概率相对较大。这一结果与已有文献和理论分析存在的差异，可以从两个方面理解。一方面针对未流转草场的牧民，可能是受 Edwards（1953）提出的社会期望偏差（Social Desirability Bias）的影响，访谈时可能为维护自我积极正面形象，而有意掩饰草场退化的现实，影响到分析结果。另一方面基于有限理性经济人假设，草场转入主体会最大化利用转入草场，即在草场上饲养更多的牲畜，因而增加了草场退化的可能性。

进一步比较牧民家庭收入发现，未流转样本牧户的牧业收入对数的最小值、最大值分别为 8.18 和 12.36，平均值为 10.82，基本与转出样本牧民的平均牧业收入对数一致，均显著低于草场转入样本牧户平均牧业收入对数的均值 11.38。流转草场牧民的家庭总收入也呈现出较强的趋同性，针对非牧业收入对数而言，转出样本牧户的非牧业收入水平相对高于转入样本和未流转样本牧户的收入。草场转入样本的家庭总收入显著高于草场转出主体和未参与草场流转牧民的家庭总收入。分析结果同张引弟等（2010）、胡振通等（2014）等的研究结论一致，即草场流转有助于提高牧民收入。

6.4.2　生态视角下生态减贫效应影响的实证分析

根据研究设计采用多元线性回归分析草场流转、草场压力以及家庭特征等控制变量对牧民家庭收入的影响，模型估计结果显示（见表 6 – 3），草场流转显著提高牧民家庭收入。具体而言，草场转入对总收入的影响程度高于牧业收入和非牧业收入的影响，草场转出则不利于增加牧业收入，但能够显著提升家庭非牧业收入，进而增加家庭总收入。牧民基于家庭禀赋特征和未来生计策略偏好，做出是否草场流转的决定。草场转出主体则能够转移到二三产业发展，如打零工、做服务员或个体经营等，均有助于直接或间接提高非牧业收入（张美艳等，2019）。而草场转入主体，则能够扩大养殖规模，优化生产资源配置获得规模经营的效益，也能有效提高家庭收入（赖玉珮等，2012）。

表6－3　草场流转、草场压力对牧民收入影响的回归结果

变量	牧业收入对数	非牧业收入对数	总收入对数
草场压力	− 0.0098 ***	0.0069 ***	− 0.0038 *
	(0.0026)	(0.0023)	(0.0019)
草场退化	0.119 *	0.113 *	0.143 ***
	(0.0698)	(0.0654)	(0.0550)
是否转入	0.280 ***	0.262 ***	0.302 ***
	(0.0756)	(0.0781)	(0.0637)
是否转出	− 0.201 **	0.681 ***	0.0835 *
	(0.0780)	(0.0707)	(0.0500)
是否有干部	0.0090	0.0532	0.0009
	(0.0666)	(0.0741)	(0.0552)
知识有效性	− 0.0234 *	0.0594 ***	0.0069
	(0.0133)	(0.0156)	(0.0102)
劳动有效性	0.0444 ***	− 0.0019	0.0297 ***
	(0.0095)	(0.0093)	(0.0073)
上学子女数量	− 0.120 ***	0.0015	− 0.0717 **
	(0.0363)	(0.0374)	(0.0283)
劳动力比重	− 0.147	− 0.326	− 0.130
	(0.197)	(0.200)	(0.149)
草场规模	0.113 ***	− 0.0383	0.0637 **
	(0.0387)	(0.0356)	(0.0280)
养殖规模	0.500 ***	0.0945 **	0.383 ***
	(0.0425)	(0.0383)	(0.0326)
生产资本	0.255 ***	0.0224	0.164 ***
	(0.0445)	(0.0420)	(0.0336)
Constant	9.385 ***	9.219 ***	9.987 ***
	(0.176)	(0.201)	(0.138)
R − squared	0.57	0.22	0.52

注：括号内为标准误；*、** 和 *** 分别表示在10%、5% 和1% 的水平上显著。

载畜率对牧民家庭牧业收入和总收入有显著负向影响。载畜率越小，意味着草场压力越大，其草场放牧牲畜的数量越多，越有利于牧业收入和总收入的增加。草场退化对牧民家庭收入具有显著正向影响。实证结果与机理分析的偏差，可以从两个方面理解。一方面，在不考虑自然环境时，草场生态退化基本归于超载过牧。换而言之，超载过牧导致草场生态退化，但牧民家庭收入却因为牲畜数量的增长而得以提升。另一方面，传统草原畜牧生产的季节周期特征明显，春秋草场、夏草场以及冬草场的季节循环导致部分生态退化草场在短期内对收入的影响难以呈现，且退化草场经过季节性休牧或几次降水便可以快速恢复。这也是多数牧民表现出强烈转入草场意愿，实施小区域轮牧的重要原因。多元线性回归结果虽与胡振通等（2014）、赖玉珮等（2012）研究结论存有区域性差异，但也进一步论证了描述性统计分析结果的可靠性。

牧户个体特征对收入的影响。知识有效性对牧民非牧业收入有正向显著影响，对牧业收入有负向影响，对总收入的影响不显著。劳动有效性对牧业收入和总收入具有显著正向影响，但对非牧业收入的影响不显著。调研发现，牧民长期牲畜饲养积累的经验以及政府每年定期免费的疫情防疫防控政策，相对降低了对牧民畜牧饲养知识的要求，且传统草原畜牧业本就属于粗放型生产，因而牧民家庭劳动力有效性对畜牧业经营的影响更为显著。针对转出草场选择到城市就业、创业的牧民，对专业技术、家庭社会资本等综合素质有一定要求，如文化程度、年龄或经济视野等，因而知识有效性对非牧业收入的影响更为显著。

牧户家庭特征对收入的影响。在校子女数量对家庭牧业收入和总收入有显著的负向影响。主要因为牧民的子女达到上小学的年龄，一般会送到乡镇或县城的学校上学，如果没有住房就需要增加租房和其他费用支出，短期内无疑不利于家庭收入的增长。同时，可能影响家庭劳动力配置，降低家庭畜牧生产劳动力比重。草场规模和生产资本对牧民家庭牧业收入和总收入有显著正向影响，但对非牧业收入的影响不显著，而养殖规模则均有显著正向影响。草场规模越大、生产资本越丰富，一般牲畜的养殖规模相对较大，对提升家庭收入的作用更显著。

6.4.3　生态减贫效应的影响路径分析

根据研究设计，纳入草场退化指标探析草场压力在草场流转对牧民收入影响路径的作用，在多元回归分析的基础上，以草场转入主体为例，保留牧户个体和家庭特征等控制变量，依次开展中介效应和有调节的中介效应分析。

（1）中介效应分析。草场转入对草场载畜率有显著负向预测作用（a =

-5.21，t = -2.127，P = 0.034）。草场转入有助于增加草场载畜率，因而增加草场放牧压力，但并不意味一定会造成草场生态环境的退化。草场转入主体随着实际放牧草场面积的增加，放牧牲畜的数量也随之增加。但是草场面积的扩大，使牧民能够在小范围内进行轮牧或游牧，对缓解局部草场生态压力发挥出重要作用。草场载畜率对牧民牧业收入有负向预测作用（b = -0.01，t = -3.305，P = 0.001）。换而言之，则草场载畜率越大，其面临的生态压力相对越小。同理，如果牧民实际放牧牲畜的数量越少，越不利于家庭牧业收入的增加。根据 Bootstrap 法估计得到的间接效应为 0.052，95% CI = ［0.194，0.492］，置信区间不含零。草场转入对牧业收入的效应为 0.32，t = 4.204，P < 0.001，在加入中介变量后 c′ = 0.026，草场载畜率在草场转入与牧业收入的影响路径中具有中介效应（见图 6 - 2）。

图 6 - 2　中介效应分析

（2）有调节的中介效应分析。图 6 - 3 是构建第二阶段被调节的中介效应模型，重点检验"草场退化"调节下，草场压力（载畜率）在草场流转对牧业收入影响中的间接效应变化。路径分析显示，草场退化对牧业收入有负向影响，但未通过显著性检验。草场压力与草场退化的交互项对牧民家庭牧业收入有显著正向影响。由此可知，草场压力在草场转入对牧业收入的中介作用中，草场退化的正向调节效应与机理分析的负向预期相矛盾。

图 6 - 3　有调节的中介效应分析

分析原因发现，受畜牧业典型季节性的约束，草场退化或改善对牧业收入的影响表现出滞后性。首先，草场生态环境的季节性改善或退化，对牧民当年畜牧生产的影响相对较小，而对下一年度的影响更大，因此牧业收入的降幅存在 1～2 期的滞后性。其次，正如引言中强调草场生态除受到超载过牧等人类活动影响，自然气候的异常波动也会造成巨大影响，但是草场退化区域经过几次降水，能够在短期内得到恢复。因此，上期的生态退化可能不会对下期畜牧生产造成严重的影响。即草场退化对牧业收入的负向影响被掩盖。最后，本书数据是基于新疆和内蒙古调研获得的截面数据，同其他类似研究一样存在一定局限性，难以全面反映多期草场流转的畜牧生产状况。综上因素，造成实证结果与机理分析的偏差。

6.5　本章小结

基于已有研究思路和生态贫困理论，利用新疆和内蒙古 427 份调研数据，采用多元回归模型的基础上，通过有调节的中介作用检验程序，探讨草场流转对牧民家庭收入的影响，尤其是草场压力（载畜率）的中介作用以及草场退化对这一中介路径的调节作用。研究发现：草场流转能够显著提高牧民收入；草场压力完全中介草场流转对牧民家庭收入的正向影响；在草场压力影响草场流转对牧民家庭收入的中介作用中，草场退化的负向调节效应被遮掩。进一步探讨实证结果与机理分析的矛盾发现，除受降水和季节影响，牧民草场流转大多基于亲缘、地缘或政策引导等渠道，流转草场出现生态退化时，牧民碍于情面或法律意识薄弱难以追责、处罚，因此造成草场退化仍能增加收入的现象。此外，牧户个体特征、家庭禀赋以及畜养规模等变量对牧民家庭收入表现出不同程度的影响。

第7章 感知视角下草场流转的
生态减贫效应分析

第5章和第6章基于新疆和内蒙古14个牧业旗县的调研数据，利用牧民家庭特征、畜牧生产特征等观测数据，从收入视角和生态视角测度牧民草场流转的生态减贫效应。第7章作为核心研究内容之一，将从牧民感知视角出发，对草场流转的生态效应展开分析。从牧民视角剖析草场流转类型的生态减贫效应差异，比较未参与草场流转、草场转出、草场转入牧民的生态减贫效应感知差异，对进一步完善现有草场流转效应研究，提高牧民收入水平、推进牧民经济社会发展等相关政策的制定与优化均有重要意义。

7.1 引言

土地资源稀缺、人多地少矛盾突出是我国推动农业现代化发展长期面临的困境，中央一号文件也多次鼓励以土地流转的形式优化土地资源配置，提高土地使用效率、农业生产效率（冒佩华等，2015；郭君平等，2018）。在牧区随着牧民家庭人口的增长，草场分户日趋频繁，牧民难以依赖日趋细碎化的草场发展生计，因而草场流转、产业转移已成为越来越多牧民寻求替代生计的路径选择。草场流转市场的日益活跃，逐渐引起了学界的研究关注。2002年青海省草场流转面积占总面积的2.35%（马倩，2003），2008年内蒙古巴彦淖尔市7.5%的牧户有草场流转行为（张引弟等，2010），2014年内蒙古四子王旗草场流转率为44%（胡振通等，2014），2018年呼伦贝尔市和锡林郭勒盟的草场流转发生率是47%（谭仲春等，2018）。同时关于草场流转的研究不断深入，部分研究指出草场流转提高了生产效率（张美艳等，2017）和牧民收入（张引弟等，2010），也有研究肯定草场流转发挥积极作用的同时，认为参与草场流转牧户之间的技术效率差异不显著（谭仲春等，2018），并担忧草场流转虽然能够协调草场资源的配置和提高牧民收入，但是有可能加大牧民贫富差距（仝志辉，2008；赖玉珮等，2012）。

相比较于草场流转与牧民收入的关注，草场流转与草原生态保护的研究则亟待深入。草原生态系统是我国最大的陆地生态系统，除具有生产功能，其生态功能的重要性越来越受到国家重视，并出台了一系列政策①保障草原生态安全。关于草场流转有助于改善草场生态环境的研究有待进一步论证，从理论上分析草场流转能够协调牧民草场资源配置，解决了牧民扩大牲畜养殖需求与草场供给不足之间的矛盾，起到了缓解草场放牧压力的作用。但实践发现，被流转草场存在过度利用的风险，短期虽利于提高收入，长期超载过牧便会造成草场生态功能退化（赖玉珮等，2012）。而胡振通等（2014）的研究证实租入草场面积越多的牧户，载畜率越高，越有利于草原生态保护。草场流转是否具有草原生态保护效应仍值得探讨，尤其是基于牧民微观视角的定量研究更具实践意义。

7.2　研究机理与研究框架

7.2.1　牧民草场流转的生态效应感知评价机理分析

关于草场流转与草原生态保护的讨论，从理论上分析，一方面，草场转入主体通过增加草场面积发展规模养殖，克服草场规模不足的限制，有利于提升家庭收入和缓解草场生态压力。另一方面，牧户转入草场与家庭机械生产力或劳动力禀赋实现有效匹配，能够提高生产效率进而也有助于达到增收的目标。草场转出主体正常获取国家草原生态奖补资金和流转费用，选择产业转移还能够获得相应补贴，即提高草场转出牧民收入的同时，草场流转又优化了畜牧资源配置，对推动草原畜牧业发展具有重要意义。然而在草场流转市场日益发展的背景下，学界关于牧民草场流转效应的研究还鲜有涉及。牧民收入、草场生态的前后变化是

---

①　自 2003 年国家实施退牧还草工程起，到 2018 年中央累计投入 295.7 亿元；"十二五"以来国家草原生态建设工程的中央投资已超过 400 亿元；2011 年国家首次实施草原生态奖补政策，2016 年再次顺延的同时，提高奖补标准，8 年来国家累计草原生态奖补资金达到 1326 余亿元。

草场流转效应感知评价的两个主要方面，牧民能够敏锐地察觉到家庭收入和草场生态环境的微弱变化。以往研究孤立了草场流转对经济与生态的影响，而从收入增加效应和生态改善效应表征生态减贫效应，则有助于全面反映草场流转效应。由此假设，不同流转类型的牧民对草场流转的生态减贫效应感知存在差异。

为检验这一假设、完善该领域的研究，将基于牧民视角从草场流转的收入增加效应、生态改善效应及其综合效应衡量草场流转的生态减贫效应。首先，根据调研样本将草场流转划分为：未流转草场、转出草场和转入草场；其次，分别测度牧民不同草场流转行为的收入增加效应、生态改善效应的感知评价，再根据收入增加效应和生态改善效应的算术平均数表征生态减贫效应；最后，纳入是否干部、知识有效性、劳动有效性等变量分别估计牧民草场流转的生态减贫效应。

7.2.2　研究框架设计

从收入增加效应和生态改善效应表征草场流转的生态减贫效应，有助于全面分析草场流转效应，也是以往研究相对忽视的方面。草场流转的生态减贫效应感知评价，主要分析草场流转对牧民收入影响和草场生态影响的综合效应。牧民生计和草原生态保护是制定草原环境政策的中心议题（王晓毅，2009），抛开牧民生计谈草原生态保护，则难以提高牧民参与生态保护的积极性，而抛开生态保护谈牧民生计，则有悖于国家生态发展战略。对草场流转效应的研究，有助于探析草场流转在发展牧民生计与草原生态保护中发挥的协调作用机制，对引导草场管理、发展草原畜牧业具有重要的现实意义。

结合上文分析，构建牧民草场流转的生态减贫效应的研究框架（见图 7-1）。参与草场流转是牧民家庭草场资源重新配置的过程，不参与草场流转的牧民同样也是基于家庭现有生产力与草场资源是否匹配的决策。而现有研究多聚焦于牧民草场流转影响因素的探讨，也有部分研究关注草场流转对牧民家庭收入结构的影响。张引弟等（2010）研究指出草场流转有利于提高草场转入主体畜牧养殖规模，进而增加收入，草场转出主体也可以通过产业转移，从而增加非牧业收入。同时，收取流转费用也能提升收入。对此，有学者认为草场流转在协调草场资源的配置、提高牧民收入的同时，可能拉大牧民贫富差距（仝志辉，2008），但基本认同草场流转对提高收入的积极作用。

生态减贫效应感知评价的数据获取。本书主要通过问卷访谈，完成生态减贫效应感知数据的收集，对提高研究适用性、易读性具有重要作用。第一步，通过问卷识别牧民草场流转类型，并采集牧民的微观数据；第二步，通过问卷访谈得到牧民对草场流转的收入增加效应、生态改善效应的感知数据；第三步，基于第二步数据，借鉴蔡起华等（2015）采用加权平均数表征公因子影响水平的做法，将牧民对收入增加效应、生态改善效应的感知评价是衡量生态减贫效应的两个同等重要的方面，故使用算术平均数表征生态减贫的整体效应。

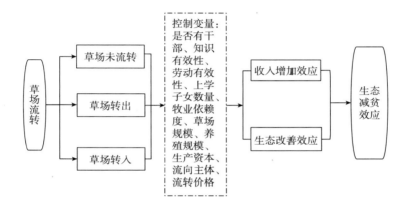

图 7 - 1　牧民草场流转的生态减贫效应的研究框架

7.3　模型构建与变量选取

7.3.1　模型构建

牧民草场流转的生态减贫效应感知是用收入增加效应和生态改善效应感知数据的算术平均数表征，各效应评价指标类型均为排序数据。根据研究主题和效应感知评价测度数据的特征（排序数据），如果使用 Multinomial Logit 将忽视数据内在的排序，OLS 又会把排序数据视为基数进行估计，借鉴陈强（2014）观点采用 Ordered Logit 模型进行估计，同时把 OLS 的估计结果列为参考。

假设 $y^* = x'\beta + \varepsilon$（$y^*$ 不可观测），而选择规则为

$$y^* = \begin{cases} 1, & \text{若 } y^* \leqslant r_1 \\ 2, & \text{若 } r_1 \leqslant y^* \leqslant r_2 \\ 3, & \text{若 } r_2 \leqslant y^* \leqslant r_3 \\ \cdots \\ J, & \text{若 } r_{J-1} \leqslant y^* \end{cases}$$

其中，$r_1 < r_2 < r_3 \cdots < r_{J-1}$ 为待估参数，同时假设 $\varepsilon \sim N(0, 1)$，则

$$P(y = 1 \mid x) = P(y^* \leqslant r_1 \mid x) = P(x'\beta + \varepsilon \leqslant r_1 \mid x)$$
$$= P(\varepsilon \leqslant r_1 - x'\beta \mid x) = \phi(r_1 - x'\beta)$$

$$P(y = 2 \mid x) = P(r_1 < y^* \leqslant r_2 \mid x)$$
$$= P(y^* \leqslant r_2 \mid x) - P(y^* < r_1 \mid x)$$
$$= P(x'\beta + \varepsilon \leqslant r_2 \mid x) - \phi(r_1 - x'\beta)$$
$$= P(\varepsilon \leqslant r_2 - x'\beta \mid x) - \phi(r_1 - x'\beta)$$
$$= \phi(r_2 - x'\beta) - \phi(r_1 - x'\beta)$$

$$P(y = 3 \mid x) = \phi(r_3 - x'\beta) - \phi(r_2 - x'\beta)$$
$$\cdots\cdots\cdots$$

$$p(y = J \mid x) = 1 - \phi(r_{J-1} - x'\beta)$$

此时由样本似然函数得到 MLE 估计量，随机扰动项服从逻辑分布，即为 Ordered Logit 模型，其中 J = 1，2，3，4，5 分别表示牧民参与草场流转的生态减贫效应评价等级的选择概率，x' 表示影响牧民草场流转生态减贫效应评价的因素，β 是一组与 x' 相对应的回归系数，借助 Stata15.0 软件完成对待估参数的估计。

7.3.2 变量选取与说明

按照研究框架中的机理分析，借鉴李惠梅等（2013）、赖玉珮等（2012）以及谭仲春等（2018）等相关类似研究，通过访谈问卷获取牧民草场流转效应及模型估计指标的数据，纳入草场转出、转入、牧户个体、家庭特征以及畜牧生产特征等指标进行模型参数的估计。

（1）因变量。第一步：对草场流转类型的划分，通过问卷识别牧民草场流转类型，在题项中设置"您家草场当前是否转出？""您家当前是否转入草场？"，回答题项中，"否 = 0，是 = 1"。第二步：获取牧民收入增加效应、生态改善效应的感知数据，分别询问牧民"您对草场转出/转入是否提高家庭收入的感知""您对草场转出/转入是否改善草场生态的感知"。第三步：获取生态减贫效应感

知评价的数据，在第二步的基础，计算每个样本牧民收入增加效应、生态改善效应的感知数据的算术平均数，并令得分是 1 和 1.5 时为"非常不满意 = 1"，得分是 2 和 2.5 时为"不太满意 = 2"，得分是 3 和 3.5 时为"一般 = 3"，得分是 4 和 4.5 时为"比较满意 = 4"，得分是 5 时为"非常满意 = 5"，进而代入模型再次进行估计。

（2）牧户个体特征。鉴于已有研究指出年龄、文化水平、家庭结构等变量对牧民草场流转收入具有显著影响（李惠梅等，2013；谭仲春等，2018），本书选取年龄、文化程度、健康程度和上学子女数量表征牧户人力资本特征。罗伯特·索洛曾使用劳动和知识有效性的乘积表征有效劳动对经济增长的影响，对此本书为深入刻画健康程度与文化程度、健康程度与年龄的综合影响作用，参考有效劳动的定义采用年龄×文化程度表征知识有效性，年龄×健康程度表征劳动有效性，其中年龄是受访牧民实际年龄，文化程度的定义是"小学及以下 = 1" "初中 = 2" "高中 = 3" "大学及以上 = 4"。健康程度根据牧户家庭医疗支出划分，家庭医疗支出大于 2001 元为"较差 = 1"，1001 ~ 2000 元为"一般 = 2"，300 ~ 1000 元为"较好 = 3"，300 元及以下为"良好 = 4"。问卷访谈对象绝大多数是哈萨克族和蒙古族的男性牧民，为避免选择偏差，因此未考虑将牧户的性别、民族纳入模型。

（3）牧户家庭特征。家庭上学子女数量根据实际观测值得到，牧业依赖度是牧业收入占总收入比重的实测值，生产资本根据牧户家庭畜牧生产设备的估值确定。草场规模与养殖规模的划分，考虑到新疆和内蒙古牧户样本的畜牧资源差异较大，如内蒙古阿拉善盟的样本户均草场面积①分别 3000 ~ 4000 亩，户均羊单位为 300 ~ 500 个标准羊单位，而新疆伊犁地区的户均草场面积仅为 1500 亩，户均拥有 170 个标准羊单位。因此，如果使用统一标准划定牧户草场规模、养殖规模极易损失部分区域牧户家庭畜牧资源禀赋的等级差异信息，故借鉴李景刚等（2014）研究做法，按照不同区域均值水平采取低于均值 80% 为小规模，高于均值 120% 为大规模型，中间剩余部分为中等规模，分别定义牧户样本的草场规模和养殖规模类型（见表 7 - 1）。由于研究的调研时间跨度大，受实际调研顺序前后的影响，本章使用的全样本为 386 份有效样本。

---

① 样本户均草场面积为便于分析均保留整百位数，单位为亩，养殖规模均保留整十位数，单位为标准羊单位。

表 7 – 1　变量定义、赋值及描述性统计

变量名称		变量识别及赋值	均值	标准差
因变量	收入增加效应	显著减少 = 1，稍微减少 = 2，基本不变 = 3，稍微增加 = 4，显著增加 = 5	3.98	1.18
	生态改善效应	显著退化 = 1，稍微退化 = 2，基本不变 = 3，稍微改善 = 4，显著改善 = 5	3.54	1.31
	生态减贫效应	非常不满意 = 1，不太满意 = 2，一般 = 3，比较满意 = 4，非常满意 = 5	3.10	1.39
自变量	是否转出草场	否 = 0，是 = 1	0.11	0.32
	是否转入草场	否 = 0，是 = 1	0.15	0.36
	是否干部	否 = 0，是 = 1	0.20	0.40
	知识有效性	健康程度 × 文化程度	4.68	3.35
	劳动有效性	健康程度 × 年龄	140.54	49.39
	上学子女数量	实际观测值：人	1.49	1.13
	牧业依赖度	牧业收入占总收入比重的实测值	0.73	0.16
	草场规模	小规模型 = 1，中等规模型 = 2，大规模型 = 3	2.03	0.86
	养殖规模	小规模型 = 1，中等规模型 = 2，大规模型 = 3	1.96	0.83
	生产资本	畜牧资产†：0 ~ 1.00 万元 = 1，1.01 ~ 2.00 万元 = 2，2.01 ~ 5.00 万元 = 3，5.01 万元以上 = 4	2.29	0.67
	流向主体	工商企业 = 1，汉族牧民 = 2，少数民族牧民 = 3，合作社 = 4，政府 = 5	2.73	0.71
	流转价格	实际观测值：元/亩·年	13.37	26.74

注：†畜牧资产取值均按照百位数取整，故取值区间近似属于完全闭合区间。

7.4　模型估计结果与分析

　　利用 Stata 15.0 对未参与草场流转样本、草场转出样本、草场转入样本进行草场流转生态减贫效应感知的统计分析。然后，纳入是否干部、知识有效性、劳动有效性等 12 项指标进行 Ordered Logit 探析牧民生态减贫效应感知评价的影响机理，同时将 OLS 估计结果列为参考，模型估计结果的 F 值、卡方值和 R^2 通过

显著性检验，表明模型拟合效果较好，满足分析需要。

7.4.1 牧民草场流转的生态减贫效应感知

（1）收入增加效应感知。未参与草场流转的牧民认为收入增加的比重达到78.3%，认为收入减少的比重为17.7%，认为基本不变的比重为4.0%。相比较而言，参与草场流转牧民的收入增加效应更显著，草场转出牧民的收入增加效应高于草场转入牧民。82.2%的草场转出牧民认为草场流转能够提高收入，78.7%草场转入的牧民认为草场流转能够增加收入。草场转出牧民收入效应显著，可以解释为草场转出牧民能够同时获得生态补偿费用、流转费用以及泽业、创业收入。对草场转入牧民而言，草场转入有助于缓解草场资源不足，并扩大养殖规模、匹配家庭生产力，进而提高收入增加效应感知，但其也面临较高的经营压力（见表7-2）。

未参加草场流转牧民大多拥有相对丰富的草场资源，可以承担规模畜牧养殖的需求，因而保障了家庭收入不至于显著低于当地的平均收入水平。认为草场流转未能增加收入的统计中，13.3%的草场转出牧民认为收入减少，14.7%的草场转入牧民认为收入减少。这与新疆和内蒙古近年来牛羊市场的剧烈波动有关，以每头牛纯收益为例，2011年和2014年出现急速下降，直到2016年内蒙古才扭"负"为"正"，每头牛的纯收益仅为60.2元。同一期间，新疆的情况是纯收益虽有大幅度下降，但2016年每头牛的纯收益仍超过1000元。

表7-2 牧民对草场流转能够增加收入的感知

	显著减少	稍微减少	基本不变	稍微增加	显著增加
未流转样本	6.0%	11.7%	4.0%	25.2%	43.1%
转出样本	2.2%	11.1%	4.5%	51.1%	31.1%
转入样本	4.9%	9.8%	6.6%	36.1%	42.6%

（2）生态改善效应感知。生态改善效应感知是衡量草场流转生态减贫效应的另一重要指标，表7-3显示16.7%的未参与草场流转牧民认为草场生态存在退化现象，66.9%的认为草场生态得到改善。相比较草场流转牧民，草场转出牧民认为生态退化的比重为26.6%，认为生态改善的比重为49.0%。草场转入牧民认为生态退化的比重为36.1%，认为生态改善的比重为55.7%。可以看出，草场转出牧民的生态改善效应感知低于草场转入牧民，基本印证了赖玉珮等

（2012）的担忧，被流转的草场可能被草场转入主体过度利用致使草场生态难以得到实质性的改善。实地走访调研发现，一部分善于经营、思维灵敏的汉族农民通过较高的草场流转费用，转入草场经营畜牧业，同时结合农业生产把玉米和秸秆留作牲畜冬天饲料供给，也能够获得良好的经济收益。调研发现，非少数民族牧民以相对较高的流转价格转入草场后，为弥补前期较高的流转费用支出，这类牧民超载过牧的概率也要高于本地少数民族牧民，这是草场转出牧民生态改善效应感知评价不高的另一主要原因。

表 7 - 3　牧民对草场流转能够改善生态环境的感知

	显著退化	稍微退化	基本不变	稍微改善	显著改善
未流转样本	10.7%	6.0%	16.4%	37.0%	29.9%
转出样本	22.2%	4.4%	24.4%	40.0%	9.0%
转入样本	23.0%	13.1%	8.2%	37.7%	18.0%

（3）生态减贫效应感知。草场流转的生态减贫效应数据是收入增加效应与生态改善效应的算术平均数。表 7 - 4 统计表明，未流转草场的牧民对自己经营草场的整体效应感知评价较高，满意度为 53.0%，分别高于草场转出和草场转入 10.7、10.4 个百分点。同时草场转出与转入牧民的生态减贫效应满意度差异微小，但草场转入牧民的不满意比重为 50.8%，高于草场转入 13.1 个百分点。草场转入生态减贫效应感知评价不高与气候异常变化、牲畜市场价格剧烈波动有关，尤其是近三年来新疆和内蒙古降水量偏少，导致牧草长势不好，增加了牧民购买饲料支出。据《全国农产品成本收益资料汇编》统计显示，2011～2016 年新疆和内蒙古每头牛生产成本分别增长了 2.5 倍和 1.5 倍，同期平均出售价格仅增长 6.1% 和 37.4%，牧民畜牧经济收益固然不高，甚至出现亏损现象。此外，牧区调研还发现被流转草场的生态奖补资金仍归草场原承包人，意味着草场转入主体无法获取生产补贴的同时，还需要支付流转费用，无疑又增加了畜牧经营成本。

表 7 - 4　牧民对草场流转的生态减贫效应感知

	非常不满意	不太满意	一般	比较满意	非常满意
未流转样本	17.8%	14.6%	14.6%	35.6%	17.4%
转出样本	26.7%	10.0%	20.0%	35.6%	6.7%
转入样本	27.8%	23.0%	6.6%	31.1%	11.5%

7.4.2 牧民生态减贫效应感知的实证分析

为进一步探析牧民草场流转的生态减贫效应，纳入牧户个体特征、家庭特征以及畜牧生产特征等变量进行 Ordered Logit 模型估计，模型估计结果的下方是已经转化后的 OR 值，OLS 下方是参数回归系数，括号内是标准差，模型整体拟合效果较为理想（见表7－5）。

表7－5 牧民草场流转的生态减贫效应估计

	收入增加效应		生态改善效应		生态减贫效应	
	OLS	OLogit	OLS	OLogit	OLS	OLogit
是否转出	0.2560 (0.2009)	2.5834 ** (1.3763)	0.0097 (0.1899)	1.3297 (0.8887)	0.0993 (0.1983)	2.2676 (1.7610)
是否转入	0.3287 * (0.1840)	3.1222 ** (1.4072)	0.4201 ** (0.1802)	4.0032 *** (1.9849)	0.3505 * (0.2056)	3.1487 * (1.9028)
是否干部	0.2803 (0.2099)	2.1411 (1.0193)	0.1964 (0.2045)	3.0650 * (1.8254)	0.1585 (0.2169)	2.6240 (1.7033)
知识有效性	0.0964 *** (0.0244)	1.2488 *** (0.0690)	0.0352 (0.0245)	1.1208 ** (0.0670)	0.0516 ** (0.0260)	1.1621 ** (0.0720)
劳动有效性	0.0045 *** (0.0013)	1.0112 *** (0.0035)	0.0008 (0.0012)	1.0016 (0.0043)	0.0012 (0.0012)	1.0059 (0.0051)
上学子女数量	0.0376 (0.0647)	0.9979 (0.1509)	0.0362 (0.0620)	0.9975 (0.1861)	0.0929 (0.0707)	1.2920 (0.2635)
牧业依赖度	1.2112 *** (0.4569)	3.3439 *** (1.4020)	1.6011 *** (0.3927)	7.7607 *** (1.8589)	0.8460 ** (0.4172)	6.1913 *** (2.2245)
草场规模	0.1995 ** (0.0846)	1.7610 *** (0.3872)	0.1803 ** (0.0893)	1.5511 * (0.4127)	0.1321 (0.1002)	1.3097 (0.3805)
养殖规模	0.4708 *** (0.1002)	3.2642 *** (0.9409)	0.5102 *** (0.1050)	4.2495 *** (1.4013)	0.5050 *** (0.1206)	5.7271 *** (2.3055)
生产资本	0.3468 *** (0.1061)	2.6243 *** (0.7392)	0.2663 ** (0.1090)	2.3212 *** (0.7615)	0.2490 ** (0.1304)	2.3488 *** (0.8504)
流向主体	-0.1566 (0.1403)	0.4829 ** (0.1710)	-0.1370 (0.1131)	0.4193 ** (0.1700)	-0.1582 (0.1472)	0.3493 ** (0.1561)

	收入增加效应		生态改善效应		生态减贫效应	
	OLS	OLogit	OLS	OLogit	OLS	OLogit
流转价格	−0.0021	0.9950	−0.0042 **	0.9578 **	−0.0033 *	0.9689 *
	(0.0019)	(0.0071)	(0.0020)	(0.0177)	(0.0020)	(0.0176)
	F = 16.6	卡方 = 124.6	F = 10.4	卡方 = 139.5	F = 4.96	卡方 = 94.95
	$R^2 = 0.56$	伪 $R^2 = 0.30$	$R^2 = 0.53$	伪 $R^2 = 0.40$	$R^2 = 0.40$	伪 $R^2 = 0.34$

注：＊、＊＊和＊＊＊分别表示在10%、5%和1%的水平上显著；OLogit下方的值不是模型估计系数，为便于分析此处已将其转化为OR值。

（1）草场流转对生态减贫效应的影响。OLogit和OLS估计结果显示（见表7-5），草场转出、转入均对牧民收入增加效应有显著的正向影响，并通过5%显著水平检验。整体而言草场转入对生态减贫效应的影响更显著，这一结果的解释机理同上节论述，故不再赘述。草场转出、转入牧民生态减贫效应作用路径的差异，将结合估计模型中其他控制变量的作用，在下节论述。

（2）户主特征对草场流转的生态减贫效应的影响。知识有效性对牧民生态减贫效应具有显著正向影响，且均通过5%以上显著水平检验，劳动有效性仅对收入增加效应有显著影响。牧民文化程度越高、身体越健康，越能够充分配置家庭资本结构，如看待问题具有较强的分析能力，能够较准确地预测未来一段时期内的畜牧市场行情，进而调整家庭畜牧生产或者决策是否发展其他相关产业。即健康的身体状况能帮助牧民实现家庭生产安排，相对于知识有效性较低的牧民，劳动有效性对生计能力的影响更显著，因而对生态减贫效应感知评价也具有显著影响。草原畜牧业属于简单粗放、重劳动的生产方式，对从业者技术水平要求不高，具备健康体魄和简单的养殖经验基本能够完成畜牧生产，因此劳动有效性对收入增加效应感知有显著的正向影响，这也是调研中在定居点时常看到"老弱病残"牧民的原因之一。

（3）家庭特征对草场流转的生态减贫效应的影响。牧业依赖度对牧民生态减贫效应感知具有显著正向影响，且通过1%显著水平检验。家庭上学子女数量的影响未通过显著性检验。牧民家庭牧业依赖度越高，意味着家庭收入结构越单一，越依赖于畜牧养殖收入，随着增加畜牧收入需求的提升，草场超载过牧的概率就越大，草场生态保护压力也越大。针对这类牧民如果转入草场，在保障收入稳定的前提下，也有助于改善草场生态环境，故其对生态减贫效应有正向显著影响。这也是多数政府尝试通过鼓励草场流转、转移牧区剩余劳动力来推动草原畜牧可持续发展的原因之一。

（4）畜牧生产特征对草场流转的生态减贫效应的影响。草场规模对牧民收入增加效应、生态改善效应感知有显著正向影响，即在一定载畜率限制下，草场规模越大牧民放牧牲畜的数量可能越多，因而能够保证收入，且有助于缓解草场压力。养殖规模、生产资本对生态减贫效应感知影响显著，且通过5%以上显著水平检验。养殖规模越大，意味着牧民在家庭草场面积相对固定的前提下，有增加草场放牧压力的可能，因而具有流转草场的强烈需求。此时，每流转一单位草场对生态减贫效应感知评价的边际效应显著。同理，家庭畜牧生产资本，诸如拖拉机、打草机和搂草机等生产设备属于一次性投入，如果家庭经营规模不能够有效匹配机械生产力，无疑降低了生产效率，因而流转草场实现规模效益对提高牧民生态减贫效应感知具有显著作用。从草场流向主体看，Ordered Logit 模型估计结果表明牧民对流向少数民族牧民的生态减贫效应感知高于其他群体的概率更大，流转价格仅对生态改善效应感知的影响显著。草场流转价格是牧民交易成本之一，牧民为控制高流转价格对经营收益的影响，一般选择尽可能多地增加草场放牧牲畜数量，草场放牧压力便随之增加、生态退化的可能性增大，因而生态减贫效应感知不高。

7.4.3 牧民生态减贫效应感知的影响路径分析

从实证分析结果看（见表7-5），未参与草场流转牧民的生态减贫效应感知评价为满意的比重却高于草场转出、草场转入牧民。进一步分析发现，这类牧民首先家庭户均草场规模、养殖规模均处于当地中等规模以上。其次，牧民户均拥有2.5块草场，意味着这类牧民具备选择季节性游牧的条件，如此既能保障牲畜生长，又能缓解草场生态压力，因而其生态减贫效应感知水平较高。表7-5估计结果显示，草场转入牧民对生态减贫效应的感知评价与草场转出牧民存在较大差异。针对这一结果的解释是，草场转出的牧民一方面由于心理作用，潜在意识上认为草场转入主体可能会过度利用草场；另一方面从实践来看，草场转入主体在流转期限内自然会追求自身利益最大化，转入草场面临的生产压力也可能高于自有草场。与此同时，草场转入牧民因草场规模的增加提高了畜牧业经营收益，一定程度上能够缓解自有草场的生态压力。此外，草场转入牧民也会受传统道德约束影响，如果转入草场的生态环境显著退化会受到牧民谴责外，流转期限到期后还会难以继续转入草场，为避免这一结果，这类牧民的生态减贫效应感知水平存在被高估的可能性。

结合牧区实地调研进一步探析表7－5估计结果，牧民草场流转决策与满足牧民生产、发展的预期收入具有高度相关性。牧民的劳动有效性、知识有效性决定了牧民是否能够高效协调家庭资源配置、发展生计，即决定是否参与草场流转、参与草场转出或草场转入。劳动有效性仅显著影响牧民收入增加效应的感知，这主要由于畜牧生产对技术要求较低，而对劳动强度的要求较高。牧民劳动有效性越高，转出草场选择产业转移、发展替代生计的概率越高，其收入增加效应感知评价越高。知识有效性对牧民草场流转的生态减贫效应感知均有显著影响，可以理解为无论是否参与草场流转，知识有效性都决定了牧民配置家庭资源的能力，牧民转入草场立刻面临支付流转费用的压力，因而需要专心经营保证支付流转费用，尽可能提高经营收益。从作用机制分析（见图7－2），牧民草场转入通过增加草场面积提高养殖规模，进而提升家庭收入。同时也有助于实现家庭机械生产力或劳动力禀赋与草场规模的有效匹配，两条路径均能够满足牧民增加收入的需求，并在一定程度上缓解草场生态压力。综合以上分析，认为牧民草场流转的生态减贫效应感知的内在作用机制是通过草场流转，使牧民家庭能够拥有一定规模的草场饲养牲畜，满足牧民生产、发展的收入需要，既能够促进社会的稳定，又能够减轻草场生态压力，对畜牧业的可持续发展也具有重要意义。

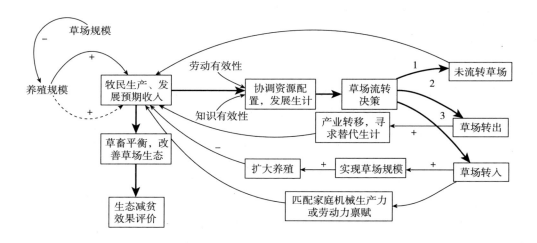

图7－2　牧民草场流转的生态减贫效应感知的影响路径分析

7.5　本章小结

　　本章是对第 5 章和第 6 章的延展，从生态效应、收入效应两个方面综合分析牧民草场流转的生态减贫效应感知，同样是以新疆和内蒙古的调研样本为例，比较未参与草场流转、草场转出和草场转入 3 种类型牧民对生态减贫效应的感知评价，同时利用 Ordered Logit 模型阐释牧民个体特征、家庭特征、生产特征、草场流向等因素对草场流效应的影响机理。实证结果表明，草场转出仅对牧民收入增加效应感知具有显著正向影响；草场转入对牧民收入增加效应和生态改善效应感知均有显著的正向影响，且生态改善效应的感知程度更明显。牧民通过转入草场、扩大放牧草场，实现机械生产力或劳动力禀赋与草场规模的有效匹配，对增加收入、缓解草场生态压力具有重要意义。

　　草场转入、转出影响牧民生态减贫效应感知水平的内在机制差异分析，草场转入牧民一方面通过增加草场面积提高养殖规模，提高了家庭收入。另一方面通过实现家庭机械生产力或劳动力禀赋与草场规模的有效匹配，也能够提高生产效率。两条路径均能够满足牧民增加收入的需求，并缓解草场生态压力。草场转出牧民既能正常获取国家草原生态奖补资金和流转费用，选择产业转移还能够获得相应补贴，知识有效性较高的牧民选择产业转移、发展替代生计的概率较高。此外，牧户知识有效性、牧业依赖度、养殖规模、生产资本均对生态减贫效应有显著正向影响，劳动有效性只对收入增加效应有显著正向影响，流转价格对生态减贫效应产生了显著的负向影响。

第8章 牧民草场流转的潜在
风险识别与解析

有效识别草场流转风险，是完善草场流转市场管理的重要前提。基于重复博弈理论分析了草场流转主体间博弈可能造成的潜在风险，并结合实践调研列举了社会风险、经济风险和生态风险的特征，借助解释结构模型（ISM）阐释了草场流转风险要素之间的相互联系与层级结构。研究表明：①社会风险、经济风险和生态风险是草场流转主要的潜在风险，且各风险要素之间存在较强关联性。②风险划分等级显示，社会风险位于上层，经济风险位于中层，生态风险位于最底层，各风险层级间存在跨层影响。③契约风险、社会保障和贫富差距风险是引发草场流转风险的核心风险要素，此外寻租风险破坏社会规范约束，对草场管理、社会稳定均造成严重影响。

8.1 引言

随着牧民家庭人口的不断增长与草场分户的日趋频繁，致使草场①日益细碎逐渐难以维持家庭生计，为此，牧民试图通过流转草场、产业转移寻求替代生计。草场流转市场表现出以下几个特征：一是草场流转发生率显著提升，流转主体日趋多元化。据不完全统计 2002 年青海省 2.35% 的草场发生流转（马倩，2003），2008 年内蒙古巴彦淖尔市 7.5% 的牧户流转过草场（张引弟等，2010），2014 年内蒙古天祝县流转率达到 55%（胡振通等，2014），2018 年呼伦贝尔市

---

① 依据法规和研究偏好，草场或草原的表述均可视为同一标的物。

和锡林郭勒盟的草场流转发生率也达到47%（谭仲春等，2018），流转主体涉及不同草场规模的农牧民、合作社、涉农企业或其他形式的社会资本等。二是流转主体的多元化，形成多样化的草场流转形式。依据新疆和内蒙古实施《中华人民共和国草原法》办法相关规定，在草原承包剩余期限内，草原承包经营权可以采取转包、出租、互换、转让等方式流转，部分基层组织在实践中把入股、托管或社区共管也视为流转类型之一。三是草场流转引发的生态和发展冲突受到政府职能部门的重视，草场管理随之不断完善的同时，仍存在诸多问题。一方面草场流转日益频繁，由此形成的社会问题、经济问题和生态问题引起社会关注，倒逼着政府规范草场流转管理，尤其强化了基层组织对草场流转合同、流转用途、流转期限以及流转主体管理的重视。另一方面国家生态发展战略定位，强调优先保护生态的前提下发展草原畜牧业，但实践中因草场流转造成的草场退化、契约风险以及寻租风险时有发生，对草场流转的日常管理提出更高要求。

草场流转风险滞后于草场流转市场的发展，因而学界的研究还聚焦于牧民草场流转行为差异、流转功能以及对畜牧业适度经营的影响，对草场流转可能产生的风险仍鲜有关注。鉴于此，为全面了解牧区草场流转现状，揭示草场流转潜在风险。本书首先运用重复博弈理论框架，阐述了草场流转风险形成的内在机制；其次通过问卷访谈多次深入新疆和内蒙古主要牧业旗县，识别草场流转过程中可能出现的风险要素及其特征；最后为完善流转风险防控、规范草场流转市场管理，借助ISM模型比较了草场流转风险要素集之间的内在联系及层级结构，以求促进草原畜牧业与生态保护的协同发展。

8.2　概念界定与作用机理

8.2.1　概念界定

草场流转：按照《中华人民共和国草原法》《中华人民共和国农村土地承包法》等有关法律法规的规定，一般指承包农牧户依法转包、出租、互换及入股等方式流转草原承包经营权。根据"三权分置"可知，草原所有权属于国家或集体所有，牧民拥有草原承包经营权，而经营权可以有条件流转，奠定了牧区草场流转合法性的基础。新疆和内蒙古等牧区均明确规定禁止买卖和变相买卖草原，或以其他方式非法转让、侵占草原（草场）。

草场流转风险：草场生态是涉及社会、经济和生态的一个庞大系统，因此草场流转可能带来的风险也相对复杂。具体而言，草场实际流转过程中因各种不可预测因素导致草场流转可能给流转双方、社会、经济和生态造成的各类潜在威胁的风险集合，按照风险类别一般可以归结为社会风险、经济风险和生态风险。社会风险指草场流转环节中可能出现的寻租、拉大贫富差距、社会保障以及公信力、群体冲突等风险；经济风险指草场流转过程可能给流转主体造成的金融、契约、市场和管理等风险；生态风险指草场流转过程可能对草场生态系统造成的影响，如草场退化、草场用途改变以及影响生态景观、人文生态等风险。

8.2.2　作用机理

草场流转风险的发生机制存在差异，形成多种风险类型，且各风险之间交叉影响。结合牧区访谈调研，构建长期参与人和短期参与人、带有社会规范的参与人重复博弈框架[①]，揭示草场流转风险的形成机理。

长期参与人和短期参与人博弈分析。在实际草场流转中，流转主体会签订合同约定价格、期限等信息，部分乡镇对草场流转期限的管理一般要求以 3 年为一个周期，到期可以选择续签或终止。国家保证草场承包权长久不变，可视为只要流转主体愿意，合同期限可以无限重复续签。草场转入主体与草场转出主体，无论其（或真或假）打算短期转入、转出草场，还是长期转入、转出草场，为达成流转交易，均会告知对方会选择长期转入、转出草场，因此"假打算长期转入主体"在草场实际利用中存在是否过牧、改变用途等行为的博弈。为进一步探讨长期或短期流转主体在草场流转博弈中的决策，令长期参与人为 $h \in \{1, 2, 3, \cdots, L\}$，其目标是各流转期限的长期收益最大化，即 $\prod_{h=1}^{L} \Delta A_h$。短期参与人为 $j \in \{L+1, L+2, \cdots, N\}$，其目标是草场流转的短期利益最大化，即 $\prod_{j=L+1}^{N} \Delta A_j$。短期参与人对长期参与人战略的反应集合为 $B: \prod_{h=1}^{L} \Delta A_h \rightarrow \prod_{j=L+1}^{N} \Delta A_j$。进一步定义长期参与人的最小最大效用 U_h，则有 $U_h = \min\limits_{\alpha \in \text{graph}(B)} \max\limits_{\alpha_h} U_h(\alpha_h, \alpha_{-h})$，其中 $\text{graph}(B) \subseteq \prod_{h=1}^{N} \Delta A_h$，graph（B）为 B 对应的像集，对满足于 $j > L$，$\alpha_h(\alpha_{-h}) = \text{argmax}_{\alpha_j^h} U_j(\alpha_j^h, \alpha_{-j})$。在有短期参与人的情形下，

---

①　重复博弈理论分析主要参见田国强《高级微观经济学》中有关章节论述，特此感谢。

长期参与人在重复博弈中可行理性的支付存在一个上界约束，对应着最大最小效用 $U'_h = \max\limits_{\alpha \in graph(B)} \min\limits_{\alpha_h \in support(\alpha_h)} U_h(\alpha_h, \alpha_{-h})$，其中 support（$\alpha_h$）表示参与人 h 选择行动 α_h 的概率为正。而草场转出主体牧民的决策，一方面取决于转入参与主体获得的流转收入与其他收入的预期总收入与实际收入的差距，另一方面取决于牧民对转入参与主体博弈决策行为，如过牧、违约、用途改变以及其他可能造成生态、社会风险的感知。

下面讨论存在社会规范约束的重复博弈分析。随着草场流转市场的发展，草场转入主体不再局限于本村或本乡镇，尤其由于社会资本的进入，牧民很难再通过社区交流有效识别流转主体真正的流转动机以及流转潜在风险。正因如此，从乡村一级到县一级的管理部门开始加强草场流转管理，如统一流转合同、建立流转档案、失信档案等约束机制，其博弈过程相对较为复杂。假设草场流转供给是有限稀缺的，且有 M（偶数）参与人，流转期限均为 3 年，每个参与人能够随机决策"C：转入草场，采取亲环境经营"或"D：转入草场，未采取亲环境经营"。同时会根据转入主体上一流转期内是否存在过牧、违约、用途改变以及其他可能造成的生态、社会风险，对亲环境生产行为和非亲环境的参与主体分别贴以"G：好人"和"B：坏人"的标签，互动阶段的支付收益见表 8-1。

表 8-1　社会规范下的一个互动

		参与人 2	
		C	D
参与人 1	C	4, 4	0, 5
	D	5, 0	1, 1

假定社会规范由流转主体社会标签的更新函数和依赖标签的战略构成，并假定乡镇和县级部门能够真实识别流转主体的社会规范标签，且牧民草场流转偏好于"好人"标签，社会标签会根据实际流转草场的利用情况更新。令 $T_h(\varphi, \phi, \alpha_h)$ 表示参与人 h 和对手的当期社会标签 φ, ϕ，同时参与人 h 选择 α_h 时，下一期社会标签会更新。社会标签依赖战略 $\psi_h(\varphi, \phi)$ 表示参与人 h 和对手社会标签为 φ, ϕ 时，参与人 h 的战略选择。

考虑社会规范的标签集合 G，B，则有：

$$T_h(\varphi, \phi, \alpha_h) = \begin{cases} G, & 若(\varphi, \phi, \alpha_h) = (G, G, C)或(G, B, D) \\ B, & 其他 \end{cases}$$

$$\psi_h(\varphi, \phi) = \begin{cases} C, & \text{若 } \varphi = \phi = G \\ D, & \text{其他} \end{cases}$$

再假设在均衡路径内，草场转入主体不存在单方面偏离社会规范约束，否则其贴现收益支付为 $5 \times (1-\delta) + \delta$，若遵守，贴现收益支付为 4，即当 $\delta > 1/4$，则转入主体没有单方面偏离。进一步讨论在均衡路径外，社会标签为 G 的比例为 $\alpha > 0$，社会标签为 B 的比例为 $1 - \alpha$。对于社会标签为 G 的转入主体面对标签为 B 的个体，选择继续遵守社会规范，期望收益为 $(1-\delta) + \delta E(G)$，若不遵守则为 $0 + \delta E(B)$。如果面对标签为 G 的个体，选择继续遵守社会规范，期望收益为 $4 \times (1-\delta) + \delta E(G)$，若不遵守则为 $5 \times (1-\delta) + \delta E(B)$。由于 $E(B) = 1$，则解得 $E(G) = (1-\delta) \times [4\alpha + (1-\delta)] + \delta E(G)$，即，$E(G) = 1 + 3\alpha > E(B)$。于是，均衡路径外转入主体标签为 G 的个体，若遇到 B 标签的对手，就会选择遵守社会规范；若遇到 G 标签对手，当且仅当贴现收益率大于维系社会规范贴现率下线时 $(\delta > \underline{\delta} = \dfrac{1}{1+3\alpha})$，有 $4 \times (1-\delta) + \delta E(G) = 4 \times (1-\delta) + \delta(1+3\alpha) > 5 \times (1-\delta) + \delta E(B) = 5 - 4\delta$。此时，当 $\alpha > 0$ 和 $\delta \to 1$，社会规范存在一个子博弈精炼均衡。

由于 $\underline{\delta} \equiv \dfrac{1}{1+3\alpha}$，针对一个相对开放的草场流转市场，若给定参与人的时间贴现率并不太大，那么社会标签为"坏人"的概率越大，社会规范的约束力就越低。由于社会经济发展一方面受到资源禀赋约束，另一方面信任（契约、公信力）、寻租或其他因素形成社会规范也具有较强的制约作用，遵守社会规范群体的比重将影响到社会规范整体约束力的效果，所以当 $\alpha < \dfrac{1-\delta}{3\delta}$ 时，社会规范将会瓦解。如果对偏离社会规范实施严厉惩罚，则相对容易维持一个有序的草场流转市场。

8.3 草场流转风险类别及特征分析

8.3.1 社会风险

寻租风险。随着牧区草场流转市场的活跃，畜牧养殖大户、合作组织以及部分工商企业为了流转更多草场资源，利用家庭关系网络（权利）、资本等资源联合基层组织（乡政府、村集体甚至是旗县）相关领导，用灰色交易、不平等交易等方式获得草场流转经营权以及优先享受各项政府补贴、优惠政策。例如一般牧民虽能够享受国家基础专项补贴，但其他稍微附带一些补贴条件的资助政策，则总有更多的理由去补贴亲戚、关系户和某些大户。牧民虽有所怨言，但大部分牧民终究选择忍气吞声，少部分反映问题的牧民常无功而返。尤其是部分以套取国家专项资金支持为目标成立的空壳合作社，严重侵害了中小规模型牧民和合作社的既得利益。尽管如此，也有少部分牧民或合作社依靠"能人效应"取得良好的经济效益，对带动区域发展起到积极作用。

贫富差距风险。20 世纪 80 年代中后期实施草原与牲畜双承包制，牧区经济结构不断分化。虽然牧民与城镇居民的收入差距不断缩小，但牧民之间贫富差距出现拉大的倾向。在新疆和内蒙古部分牧业村（嘎查）家庭收入最高的牧民可达到 30 万元以上，最低的只有 2 万元左右。最突出现象是，由于近三年来牲畜价格的滑落，导致小规模型草场牧民艰难经营而转出倾向日益高涨，畜牧养殖大户转入草场的意愿却在不断上升，致使草场资源高度集中，如内蒙古呼伦贝尔市有牧民草场面积超过 2 万亩。草场资源的高度集中还与地方政府过度强调、鼓励草场向养殖大户、合作社、工商企业流转的政策有关。虽然草场转出牧民短期能够获得一定流转补贴，但从长远来看，一旦牲畜市场好转，经营畜牧生产的收入也会高于从事保安、保洁等政府协助提供的就业收入。养殖大户等对畜牧业发展前景的看好预期，是其不断转入草场的主要原因之一。

社会保障风险。同农民与耕地的关系一样，草场对牧民而言承载着家庭生产、生活、发展等功能，是家庭生计的主要或全部来源，是牧民家庭社会保障的载体。随着牧区全面落实新型农村养老保险、合作医疗保险，部分缓解了草场的社会保障压力，但整体来看与城镇社会保障体系依然存在较大差距，仍对畜牧经营收入具有较强的依赖。一旦牧民转出草场，如不能获得稳定的工作，仅依靠 1~15 元/亩·年的草场流转费用也难以维持家庭生计发展。好在草场流转实践中，生态奖补资金仍由草场原始承包牧民所有，一定程度上缓解了牧民生计压力。但针对年迈、体弱多病、缺少生活技能的群体，如果无法有效转业安置，其依然面临社会保障风险。另外，大量牧民涌入城市如果难以维持生计，社会保障不稳定，还会威胁城市社会治安，造成更多社会问题。

公信力风险。基层政府组织是落实国家政策方针最直接的职能部门，尤其是乡村一级的基层组织更是每天与牧民直接接触，并被认为是推进农村发展、调节社会矛盾、维护公平正义等多功能为一体的政府组织和村民自治组织。但调研发现部分乡、村集体组织在草场流转管理方面存在非法或违规等行为，致使牧民合法权益被侵害，导致牧民对政府信任感逐渐降低。在走访调研时不少牧民直言"国家政策都是好的，就这些乡村干部不行，只想着个人利益，搞坏了政策"。在部分牧区，乡村组织为规范草场流转管理，规定所有草场流转都需要在村集体签订三方协议。但在具体实践中，对转入主体的审核也仅停留在当面"形式性"问询，更甚至流转双方来回跑 2～3 趟才能办好流转手续，当然如果送包香烟、一瓶酒就可能很快办理。此外，基层乡镇政府多头领导，部分政策缺少长期战略规划，往往因领导调整而产生巨大变化，"朝令夕改"不但影响政策实施效果，还严重降低了牧民对基层组织的信任。

群体冲突风险。风险具有积累效应，如寻租风险、贫富差距风险、社会保障风险以及公信力风险短期内造成的影响可能难以显现，但是长期的风险积淀，则极易爆发大规模的群体冲突。尤其在一些稀缺资源的分配中，出现寻租风险也会降低政府公信力。如集体草场①的流转管理方面，存在寻租现象，一般中小户牧民更是难以正常承包。基层组织公信力的下降、社会保障的残缺等风险短期内很难以发觉，因而一旦累积爆发极易引发社会群体冲突事件，危害社会治安。

8.3.2 经济风险

金融风险。新疆和内蒙古少数旗县尝试草场抵押贷款的探索，草场转入主体以转入草场为抵押向银行贷款，一旦草场转入主体到期无力偿还贷款，银行是否对剩余流转期限内的草场进行拍卖呢？如果短期无法拍卖，银行是否正常支付原始承包牧民的流转费呢？如果银行一直无法拍卖，直到流转期限到期，银行是否支付流转费、并将草场交还原始承包牧民呢？如果银行有幸成功拍卖，草场二次转入主体的支付价格是否达到银行预期溢价成交价格呢？以上担忧如果不能及时出台有效对策，一味以政府兜底承担风险，那么对推动草场流转市场的发展又有多少好处呢？即便流转草场不参与抵押贷款，草场转入主体仍然存在诸多风险导致其无力按时支付流转费用，尤其是部分合作社、工商企业看似实力雄厚，如遇突发事件，选择"毁约、跑路"的情况在牧区也是层出不穷，给牧民造成的损失谁应当承担呢？如果某些项目是由当地政府牵头达成的流转协议，如果政府不

---

① 集体草场：在实施草畜双承包制时，大部分乡村组织保留大小不等的草场用于集体管理，预防意外灾害，但近来部分村集体又尝试把这部分草场进行对外承包，发展集体经济。

承担牧民损失，则政府公信力又将受到考验，处理不当还会引发群体斗争事件，也将难以推动日后草场流转的管理。

契约风险。随着牧民流转争议的增加和法律意识的提升，草场流转也多由先前的口头合约、关系协议或"残缺"合同，向相对完备的合同过渡，更甚至某乡镇政府统一制定草场流转合同，明确流转价格、期限以及双方权责。即便如此，大部分牧民的草场流转合同仍存在或多或少瑕疵，尤其与合作社、工商企业签订的流转合同多由对方提供，由于牧民文化水平、理解能力和法制意识薄弱的制约，大部分牧民选择"应该没问题"的态度签订流转合同，因此导致"其他未尽事宜归×××诠释""隐含条款"甚至"霸王条款"的现象时有发生。部分牧民看到草场转入主体取得良好的经营收益，突然要求收回草场、提出增加流转费用或其他超越合同约定的要求，如果转入主体不满足要求，又会以骚扰争吵、非法破坏等手段干扰畜牧经营，严重的还会引发冲突，既不利于畜牧业发展，也不利于社会稳定。

市场风险。随着全面深化改革的落实，牲畜价格不但受国内畜牧生产的影响，还受到大宗畜牧产品进出口贸易的影响，这是近五年来国内牲畜市场价格剧烈波动的主要因素之一。畜牧生产成本的异常波动是市场风险的另一表现，访谈调研和《全国农产品成本收益资料汇编》均显示 2010～2016 年新疆和内蒙古同其他牧区牲畜成本出现大幅上涨，压缩了畜牧养殖收益，对草场流转带来了消极影响。畜牧市场的震动，引发了社会资本投机行为。草场流转中不乏部分工商企业、合作社抱有投机之嫌进入畜牧领域，以工商企业为代表的社会资本以高价的形式诱导牧民流转草场，然后采取掠夺性资源利用，导致草场生态压力剧增，既不利于流转市场稳定发展，还会带来生态问题。地方政府因招商引资政绩需要，对此往往缺少实质性的监管，期间还存在寻租现象。流转后的牧民要么安排到工厂打工，要么到街道、社区做环卫、保安等工作，工资不高但也能维持生计。但是未来畜牧市场一旦反弹，牧民重新回流草场将存在较大壁垒。

管理风险。草场转入主体面临包括畜牧生产、运输、销售以及资金运作、经营策略等经营管理问题，同时还要应对气候变化、自然灾害、市场竞争等诸多外在环境的影响，如何协调资源要素、优化生产管理成为降低草场流转管理风险的关键。针对转入草场的牧民而言，由于自身或家庭的健康程度、文化程度或随机应变能力、畜牧生产技能等方面存在差异，自然形成相对差异化的畜牧生产预判，其本身就存在管理风险，而异常气候变化引发的灾害则对牧民管理能力提出了更高要求。针对合作社、工商企业等草场转入主体，除存在同样风险外，还面临内部成员管理、利益分配、牧民违约等金融、市场诸多风险的管理与控制考验，因而这类草场转入主体遭遇突发事件大幅增加生产成本，降低规模收益的风险较大。整体而言，草场转入主体最大的管理风险是尽可能实现实际收益与预期收益的一致，保证实际收益不低于可能面临风险集合的成本。

8.3.3 生态风险

草场退化。从全国主要牧区来看，草场作为牧民获取生计的来源承载着重要的生产功能，流转草场多半也是基于发展生计的需求，如果不能降低对草场的生计依赖程度，那么草场永将存在退化的可能。从产权视角分析流转主体的草场利用方式，草场转出主体拥有的草场原始承包权不因草场流转而丧失，在自营草场上过牧超载的概率相对较小，因而草场生态压力较低。相反，草场转入主体需要支付流转费用，为实现自身经营效益的最大化，在转入草场上过牧的可能性相对较大，增加了草场退化压力。但是如果其打算在流转期限结束后续签流转合同，则会考虑草场退化引发转出牧民不满、无法继续转入草场对畜牧生产经营带来的影响，因此草场转入主体会综合权衡过牧收益与违约支付成本，决策是否过牧。当然草场退化是多种因素作用的结果，部分转入主体（工商企业）通过联合政府实现强制式的草场流转，并获得相应草场的开发利用权，如进行石油开采、地矿开采等活动对草场退化和生态系统造成巨大影响。在内蒙古部分牧区，一些石油企业的开采活动看似仅限制在某一个固定区域，但实际发现周边草场均出现不同程度退化、荒漠化的现象，开采活动导致地下水位不断下降，对草场生态系统造成了巨大危害，影响到了草场未流转牧民的畜牧生产。

用途改变风险。新疆和内蒙古部分牧区具备旱田种植条件，参与流转和未参与流转的草场均存在种植小麦、玉米、豇豆等农作物的现象。在 2018 年 8 月前往部分牧区，就会看到草场的一些相对平缓的地上出现大小不等黄澄澄的小麦地。虽然当地政府不断加强管理，但仍难以完全杜绝这一现象。更甚至在某些关系大户、合作社或工商企业伙同旗县部门领导巧用农业政策，以寻租为手段与农牧民签订草场流转合同，通过打井、牵引渠水将草场改耕地规模化种植玉米，由于流转成本低①均获得高额收益。而随着水资源的大量开采造成草场生态环境的

---

① 据当地牧民访谈反映，起初由村干部牵头与外地老板签订流转协议，流转价格 150～300 元每亩不等，流转期限 15～30 年，基本等于是买断。由于流转规模较大，部分牧民当初一次性得到 5 万～10 万元以上的流转费用，自认为十分划算。而随着农作物经营效应的提高，部分牧民开始强行收回草场，但受限于流转期限，最终以微弱经济补偿得以平复。

· 134 ·

恶化，在国家不断加强草原生态管理的情况下，地方政府开始限制打井申请，此后流转草场种植玉米等农作物受到禁止，并引发牧民的不满。但是早先流转的草场依然种植着玉米、小麦等作物，对水资源依赖有增无减。流转草场除了用于耕种农业，部分被转为工业用地，如开采石油等矿产、建设水泥厂等工厂，虽然在这些草场流转合法，但是对草场生态造成的影响却十分显著。针对废水、废杂以及地下水开采对草场生态造成的危害，牧民多次诉求且获得了经济补偿，但对草场实质性的危害仍旧存在。

生态景观风险。草原生态风光一直备受欢迎，节假闲暇前往草原观光旅游的人群不断壮大，带动了牧区生态旅游业的发展。部分适宜发展乡村旅游的牧区，存在流转草场搭建蒙古包（或毡房）、厨房、停车场以及其他配套设施的现象。更甚至某些乡镇为图政绩，盲目鼓励草场流转发展乡村旅游，大量游客的涌入使草场转变为停车场，不加规划搭建临时旱厕，生活垃圾、厨房处置不当，既影响原始整体生态景观价值，又破坏草场生态承载力。

人文生态风险。草场流转日益活跃，加剧了牧民城乡流动，并越来越多地接受现代技术产品和现代生活方式，如骑马放牧逐渐被摩托车取代，居住的蒙古包（毡房）也被棚车或砖房取代，畜牧生产协作向机械、劳动雇佣转变，在新疆部分牧业县牧民一边放牧，一边从事农作物耕种也取得良好的经济效益。受国家实施的牧民定居工程的影响，牧民草场流转概率也在增加，部分进入城市生活的牧民，其生活习惯也在不断发生变化，游牧传统文化与多民族的结合呈现出多元化趋势。此外，社会资本的进入以及牧民城乡流动慢慢影响到农村社会结构的变迁，如牧民传统婚礼习俗、游牧习俗以及人际信任等出现不同变化。

8.4　草场流转风险评价与防控

8.4.1　评价模型构建——ISM

基于草场流转可能导致的社会风险、经济风险和生态风险，为进一步系统梳理草场流转风险的层级结构，结合流转风险的影响机制，通过 ISM 模型（解释结构模型）阐述各个流转风险之间的相互联系与风险等级。首先，刻画各个流转风险之间的影响关系，如果行因素仅对列因素有影响定义为"A"，列因素仅对行

因素有影响定义为 "V"，行列因素相互有影响定义为 "X"，行列因素无影响定义为 "B"（见表 8-2）。其次，由表 8-2 求得邻接矩阵 M，转换规则为：当 $i = j$，$M_{ij} = 1$；当 $i \neq j$，根据行列因素关系判断，若 r_i 与 r_j 属于关系 A，则 $M_{ij} = 1$；$M_{ji} = 0$；若为关系 V，则 $M_{ji} = 1$；$M_{ij} = 0$；若为关系 X，则恒为 1；若为关系 B，则恒为 0。进而利用 MATLAB 软件，根据邻接矩阵由布尔代数运算法求得可达矩阵 M（见表 8-3）。最后，依据可达矩阵对流转风险层级（见表 8-4）进行划分，基于风险可达集 R（r_i）、前因集 P（r_i）和交集 R（r_i）∩P（r_i），按照 R（r_i）∩P（r_i）=R（r_i）标准寻找最高级风险要素集 L_1，并在剩余风险层级中划去已选风险集，根据同样标准依次寻找各层级风险集 L_1，L_2，…，L_n。

表 8-2　草场流转风险类型之间的关系

风险因素	r_{13}	r_{12}	r_{11}	r_{10}	r_9	r_8	r_7	r_6	r_5	r_4	r_3	r_2
r_1	V	B	V	V	V	A	B	V	V	V	B	V
r_2	V	B	B	B	B	A	B	B	B	B	A	
r_3	V	B	B	B	B	B	B	A	B	V		
r_4	V	B	B	B	B	A	X	A	A			
r_5	B	B	B	B	B	A	A	B				
r_6	B	B	V	V	B	B	B					
r_7	B	B	B	B	B	X						
r_8	B	B	V	V	V							
r_9	B	B	X	A								
r_{10}	B	A	V									
r_{11}	A	X										
r_{12}	A											

表 8-3　可达矩阵

风险因素	r_1	r_2	r_3	r_4	r_5	r_6	r_7	r_8	r_9	r_{10}	r_{11}	r_{12}	r_{13}
r_1	1	0	0	0	0	0	0	0	0	0	0	0	1
r_2	1	1	1	0	0	0	0	0	0	0	0	0	1
r_3	1	1	1	0	0	0	0	0	0	0	0	0	1
r_4	1	1	1	1	1	0	1	1	0	0	0	0	1
r_5	1	1	1	1	1	0	1	1	0	0	0	0	1

风险因素	r_1	r_2	r_3	r_4	r_5	r_6	r_7	r_8	r_9	r_{10}	r_{11}	r_{12}	r_{13}
r_6	1	1	1	1	1	1	1	1	0	0	0	0	1
r_7	1	1	1	1	1	0	1	1	0	0	0	0	1
r_8	1	1	1	1	1	0	1	1	0	0	0	0	1
r_9	1	1	1	1	1	1	1	1	1	0	1	1	1
r_{10}	1	1	1	1	1	1	1	1	0	1	0	0	1
r_{11}	1	1	1	1	1	1	1	1	1	1	1	1	1
r_{12}	1	1	1	1	1	1	1	1	1	1	1	1	1
r_{13}	0	0	0	0	0	0	0	0	0	0	0	0	1

表 8 – 4　风险因素的等级划分

风险因素	可达集	前因集	交集
r_1	1,13	1,2,3,4,5,6,7,8,9,10,11,12	1
r_2	1,2,3,13	2,3,4,5,6,7,8,9,10,11,12	2,3
r_3	1,2,3,13	2,3,4,5,6,7,8,9,10,11,12	2,3
r_4	1,2,3,4,5,7,8,13	4,5,6,7,8,9,10,11,12	4,5,7,8
r_5	1,2,3,4,5,7,8,13	4,5,6,7,8,9,10,11,12	4,5,7,8
r_6	1,2,3,4,5,6,7,8,13	6,9,10,11,12	6
r_7	1,2,3,4,5,7,8,13	4,5,6,7,8,9,10,11,12	4,5,7,8
r_8	1,2,3,4,5,7,8,13	4,5,6,7,8,9,10,11,12	4,5,7,8
r_9	1,2,3,4,5,6,7,8,9,10,11,12,13	9,11,12	9,11,12
r_{10}	1,2,3,4,5,6,7,8,10,13	9,10,11,12	10
r_{11}	1,2,3,4,5,6,7,8,9,10,11,12,13	9,11,12	9,11,12
r_{12}	1,2,3,4,5,6,7,8,9,10,11,12,13	9,11,12	9,11,12
r_{13}	13	1,2,3,4,5,6,7,8,9,10,11,12,13	13

注：表中数字 1，2，3，…，13 分别代表各风险要素 r_i。

8.4.2　评价结果分析

（1）风险等级结果。由表 8 – 4 流转风险等级划分梳理得到，最高风险要素集 L_1 = ｛群体冲突风险｝，L_2 = ｛寻租风险｝，L_3 = ｛贫富差距风险，社会保障风险｝，L_4 = ｛公信力风险，金融风险，市场风险，管理风险｝，L_5 = ｛契约风险}以及最低风险要素集 L_6 = {草场退化风险，用途改变风险，生态景观风险，人文生态风险}共 6 个层级。

（2）风险解释结构。根据 MATLAB 软件计算结果构建草场流转风险解释结构，图 8-1 显示共划分为 6 个风险等级。L_6 层中人文生态风险、生态结构风险和草场退化风险之间相互影响，用途改变风险会影响到生态景观风险和草场退化风险，人文生态风险又会影响到用途改变风险。同时 L_5 层的契约风险影响到 L_6 层中的生态景观风险、草场退化风险和用途改变风险，可以理解草场转入主体是否遵守流转合同、超载过牧等非亲环境行为的倾向，会破坏草场生态和影响牧民收入，即契约风险还会影响到 L_3 层中牧民社会保障风险。L_4 层中公信力风险、市场风险、管理风险相互影响，管理风险还会影响到金融风险以及 L_3 层的贫富差距风险，金融风险、市场风险和管理风险还会影响到 L_2 层的寻租风险，进而影响 L_1 层的群体冲突风险，即解释结构模型再次论证了草场流转博弈机理中可能造成的风险类型。在 L_3 层中社会保障风险影响贫富差距以及 L_1 层的群体冲突风险，向下还影响到公信力风险。同一层级的贫富差距风险受 L_2 层的寻租风险的影响，并向上影响到 L_1 层的群体冲突风险，表明寻租风险既会直接导致群体冲突风险，还会通过增加贫富差距风险间接引发群体冲突风险。L_3 层、L_2 层和 L_1 层的风险要素集表明，草场流转风险均有可能直接或间接影响牧民的社会保障风险、贫富差距风险，进而增加寻租风险发生的可能性，最终爆发群体冲突风险，既不利于社会稳定，也不利于草原畜牧业可持续发展。

进一步分析流转风险结构发现，属于生态风险的 4 个风险要素位于结构模型的最底层，属于经济风险的 4 个风险要素主要位于中层，其中金融风险、市场风险和管理风险位于 L_4 层，契约风险位于 L_5 层。社会风险的 5 个风险要素大部分位于上 L_4 层，除了公信力风险位于层，社会保障风险、贫富差距风险以及寻租风险分属 L_3 层、L_2 层，群体冲突风险则位于最高 L_1 层。结合长期参与人和短期参与人、带有社会规范参与人重复博弈的机理，在草场流转风险中生态风险的产生引发经济风险，进而共同引起社会风险。具体而言，契约风险是链接生态风险要素集和经济风险要素集的关键，契约风险还是草场流转重复博弈的载体，草场转入主体对契约要素的遵守与否以及其生产行为是否亲环境，一方面直接影响草场生态环境，如草场是否退化、生态景观是否丧失以及草场用途是否改变，另一方面影响到牧民收入，即社会保障风险，也会引发市场风险、金融风险和管理风险。随着风险的积累，又会演进为贫富差距风险、寻租风险，最终导致发生群体冲突风险的概率提升。从带有社会规范参与人重复博弈的分析看，如果流转主体间（博弈主体）的社会约束机制被寻租风险打破，一方面存在直接爆发群体冲突风险的可能性，另一方面由此带来的公信力风险、市场风险、管理风险通过贫富差距风险、社会保障风险引起群体冲突风险。因此，从契约风险和寻租风险视角出发，对于流转主体间的博弈，只要流转主体选择违约或非亲环境行为的效用高于守约、亲环境行为的机会成本，那么就存在契约风险。同时，带有社会规范的流转博弈中，社会标签战略或者社会标签的更新函数能够获得长期收益与寻租成本的收益函数，是流转主体愿意贴"好人"或"坏人"标签的决策依据之一。这也是预防或降低草场流转风险发生概率的主要切入点之一，而贫富差距风险、社会保障风险以及草场退化风险是影响牧民草场流转的关键风险要素集。

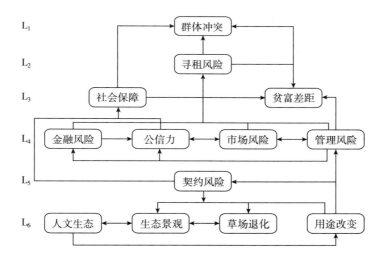

图 8 - 1 草场流转风险解释结构

8.5 本章小结

有效识别草场流转风险，解析风险要素间的影响机制，提出预防或降低风险发生概率的针对性措施，有助于完善草场流转市场管理。借助重复博弈理论分析了草场流转主体间博弈可能性形成的潜在风险，并结合草场流转市场调研阐述了社会风险、经济风险和生态风险的特征。为进一步评价草场流转风险的影响，利用解释结构模型（ISM）梳理草场流转风险的层级结构，即流转风险要素之间的相互联系与风险等级。研究表明：①社会风险、经济风险和生态风险是草场流转主要潜在风险，且各风险要素之间存在较强关联性。②风险划分等级显示，社会风险位于上层，经济风险位于中层，生态风险位于最底层，各风险层级间存在跨层影响。③契约风险、社会保障和贫富差距风险是引发草场流转风险的核心风险要素，此外寻租风险会破坏社会规范约束，对草场管理、社会稳定均能造成严重影响。

依据上述结论，为有效防控草场流转风险提出以下几点思考：①规范行政监督，有效识别流转主体的社会标签，从经济和法律方面提高寻租处罚强度，提升社会规范的约束力。②探索草场流转有效衔接生态保护、生计发展的路径。适当借鉴书中双重保障型草场市场流转机制，完善流转合同管理，降低违约风险、社会保障风险对牧民生计、草场生态的影响。③完善牧区劳动力转移的政策服务，拓宽牧民收入来源。确保政府为产业转移牧民提供宽松的就业创业环境，既有助于稳定牧民生计发展，又能够推进草场流转市场发展，避免盲目草场流转可能引发的社会风险。

第9章 草场流转的生态减贫
效应提升机制分析

至此，针对牧民草场流转的生态减贫效应的分析已基本完成。本章是基于第5、6、7等章对草场流转的生态减贫效应分析，借鉴相对丰富的农地流转案例，结合当前草场流转市场管理和草场生态保护的实际需要。基于城镇居民个人缴纳的养老金、医疗保险金、失业保险金生育保险金和住房公积金等社会保障的思路，同时考虑牧民较为薄弱的理财能力和意识，提出双重保障型草场市场化流转的改革思路。即，从牧民生计和生态保护，提出建立社会保障金和草场生态基金，保障牧民生计稳定的同时，实现对草原生态环境的保护。

9.1 引言

2017年10月，习近平总书记在十九大报告中明确指出实施乡村振兴战略，把深化农村土地制度改革，巩固和完善农村基本经营制度列为重中之重。落实乡村振兴战略，发展乡村经济是提高农民收入、改善农民生活环境的有效途径。西北牧区的乡村振兴既要面对极其脆弱的生态环境，又要考虑不同省市相对复杂的社会结构。西北牧区的另一个现实环境是经济发展水平相对落后、贫困人口比重高、气候条件常年恶劣，给牧区乡村治理与振兴造成巨大障碍（李先东等，2019）。

回顾我国草场制度变迁，基本是农地制度改革的延承，未能全面考虑牧区经营结构对土地制度的适应力。与农地相比，草场除具有与农地相同的生产、资产保障功能外，还具有更显著的生态和公益功能，牧民生产方式、生活习俗均与农民存在显著差异。1980 年牧区推行牲畜与草场的双承包制，草场围栏随之遍布四野（连雪君，2014），牧民只能在各自的围栏内放牧，传统转场"游牧"被定居"定牧"取代，草场过度放牧使牧草生产力大幅下降，草场退化严重（陈多长，2007）。如遇干旱或雪灾，牧民冬季只能依赖购买草料、饲料，牲畜喂养成本大幅上升，牧民收入大幅下降。久而久之，部分牧民选择转出草场进城务工或转业需求替代生计，既能获得工资性收入，还能获得草场流转费。转入草场的牧民，草场面积得到扩大，草原畜牧业经营效益得到改善。但是研究显示牧民草场流转发生率仍处于相对较低水平（张引弟等，2010），同时借鉴农地流转经验，在推动草场市场化流转的前提下，如何保障牧民生计稳定，预防牧民永久失去草场，是草场经营制度改革创新的重要方面。对此，本书认为借鉴农地制度改革经验，有助于创新草场制度，为丰富草场经营方式提供经验借鉴。因此，适宜地将分散的草场资源进行整合，寻找草场流转、草场补偿和牧区扶贫之间的结合点，构建保障牧民生存发展和保护草场生态的双重保障体系，有助于落实牧区乡村振兴战略。

9.2 土地经营制度改革与农民生计保障

1978 年，安徽凤阳县小岗村 18 名村民借助集体智慧，立下生死状将集体田地分发落户，率先实行农业"大包干"，中国农村土地制度改革的号角吹响祖国大地。随着社会生产力的快速发展和日新月异的时代变换，部分农民自发开展土地制度创新的改革试验，其中不乏极具创新的土地股份制改革、土地两权置换和产权比例化改革等模式，极大地丰富了中国土地制度改革经验。

9.2.1 传统转包、互换形式

据农业部消息称，截止到 2016 年 6 月底，全国承包耕地流转面积达到 4.6 亿亩，超过承包耕地总面积的 1/3（农业部，2010）。传统以转包、互换等形式的土地流转因操作简单，在实践中多以口头协商、非完全正规的协议完成土地的转包、租赁和互换，这一流转方式占据较大比重（黄延信等，2011）。流转过程中，土地用途未发生改变，农民只获得土地流转的转包费或租赁费。从全国范围来看，土地承包经营权主要流向种田能手、龙头企业及农业合作社等人员或组织机构（刘承韪，2012）。如广西壮族自治区的新安县、重庆市江津区的三河村和新疆维吾尔自治区的沙湾县。

9.2.2　股份合作与土地换保障模式

土地股份合作是指把集体财产、土地和农民承包权折合资本入股，依照股权设置接受股权管理，并获得相应的股红（张曙光，2007；王小映，2003）。后来，这一制度虽有所演化，但控制农民承包权的基本核心未曾改变。土地股份合作模式，在发达地区尤其是城郊接合部或者围绕繁荣经济圈的改革取得了显著成效。如广东南海的农村工业化模式、山东德州开发区产权置换模式、江苏昆山的土地股份合作社（张曙光，2007）以及北京通州区、山东宁阳县和成都崇州市的土地合作社（张曙光，2010），再如上海集体土地打包入股的模式、重庆市长寿区石堰镇的土地入股改革。

土地换保障，即以农民的土地承包经营权置换城市社会保障，或以宅基地使用权置换城镇住房（侯蓉等，2012），再或者同时把二地承包经营权、宅基地使用权"打包"获取城镇社保和住房（梅哲、陈霄，2011）。伴随中国城镇化率的快速提升，土地需求的存量日益增加，这种土地流转方式因而被广泛运用到城镇化建设的征地过程中，且多数发生在"城中村"或"城郊接合部"。但实践证明，这种制度改革既有成功的，也有失败的。如重庆市城乡统筹背景下"地票交易"的创新（梅哲、陈霄，2011）和九龙坡区的土地和宅基地双置换的改革（张曙光，2009），成都市构建的"还权赋能"的工作机制、温江区尝试的土地换身份（黄宝连等，2012），其实是农民用土地承包经营权、宅基地使用权换取的城镇社会保障。如天津滨海新区宅基地换住房的改革（黄祖辉等，2010），浙江嘉兴市"两分两换"（佘明龙等，2013）和江苏无锡市的"双置换"几乎如出一辙（周建等，2011）。

9.2.3　产权比例化市场流转模式

双重保障型农地产权比例化市场流转，是由李录堂教授提出，并率先于2016年在陕西蓝田县董岭村和西安长安区皇甫村实践，到2017年才逐渐得到政府和学界认可。陕西蓝田县董岭村土地产权比例化改革，先由农民自发组织成立，后得到村集体领导班子支持而成型。在遵照《宪法》"以公有制为主体，多种所有制经济成分并存"的原则和混合所有制理论，董岭村尝试"土地以集体公有为主，非集体所有为辅"进行改革，把土地产权货币化后集体占51%，农民占

49%（简称"51∶49"），把"51"视为保障型股权，把"49"视为激励型股权。在保留原土地承包关系不变基础上，设立土地社会保障金和土地公积金制度。运营上实行"政企分开"，由村级资产管理委员会全程监督股份公司的独立运作，形成归属清晰的农村土地产权制度。农民需要土地时，能够提取土地公积金或以公积金抵押贷款购买土地，转入方也能用49%的土地产权进行抵押贷款。土地社会保障金是保障土地转出的农民生活保障，并由村集体1∶1配套，实现了土地产权的市场化流转（李录堂，2014）。

9.2.4　经验比较分析

从目前中国土地制度创新研究的四个方向看，土地所有权和承包经营权的分离已经成为必然趋势，土地制度创新已经向多元化迈进。尤其是"三权分置"的提出，更是给丰富土地制度创新提供了法律空间。从现有的创新模式看，前三种模式均是从农民土地承包权入手，通过直接或间接方式买断或者控制农民对土地的承包权、宅基地使用权。表面上农民因此获得舒适的住房条件和一定的社会保障，但却忽视、甚至未曾考虑土地未来潜在增值预期，因而农民很难获得未来土地溢价部分的权益。调研发现，被征地后农民获得的社会保障也被弱化（黄祖辉，2010），甚至以土地补偿款或安置费用来解决农民社会保障来转移政府职责。此外，还普遍表现出社会保障水平低且不完备（黄祖辉，2010）、只能户均1人享受社会保障（佘明龙等，2013）、对农民能力培训效果不理想等问题。农民土地承包权的流出几乎没有限制，而转入土地却存在大量限制，甚至会永久失去土地承包权，这意味失去土地未来的溢价收益，农民身份的认定也成为难题（周建等，2011）。黄祖辉（2010）曾对土地换保障模式的公平性、有效性和合理性、可行性提出过质疑。这些改革几乎都是在经济发达地区，政府有较强资金基础，土地也因使用性质改变而身价倍增，因此很难具备大范围经验推广的条件。

相比较而言，蓝田县董岭村产权比例化市场流转模式更具普适性，其创新的实质也同前土地股份制、土地换保障的出发点不同，其借助股份公司运营机制构建土地制度的创新模式。差异是前者直接从土地所有权入手，集体、农民以"51∶49"分配后再由集体1∶1配套，农民除获得49%的直接收益，还能享受集体配套的社会保障和土地公积金保障，并且进退自由。但从实践操作流程看，依然是以土地承包经营权为标的的改革。可见，土地所有权归集体所有在未来一段时间内很难有所改观，特别在政策、法律上存在诸多障碍。但无论从理论上还是在实践方面，这种土地制度创新对未来土地改革工作均极具启发意义。

9.3　草地经营制度改革与牧民生计保障

9.3.1　草地经营制度改革与生计保障

牧区草原家庭承包造成草原细碎化的现象随着牧区人口的增长，对牧民草原畜牧业生产经营的约束日益凸显（连雪君，2014）。有学者建议，通过明晰界定草地产权关系的土地制度改革，在政府宏观调控下使市场对草地资源配置起基础性作用（于中流等，1996；陈多长，2007）。草地是牧区乡村经济发展的载体，土地制度与经济发展的错配是国家不断土地改革尝试的动力。土地制度的创新既要吸取历史经验，又要适应"三权分置"的新形势，满足农业现代化发展的需求。

相比之下，牧区草地经营制度的改革探索既有相同之处，也有显著差异。牧区的改革是基于草地共管及合作社模式的社区主导型和牧民联户合作，在降低生产风险、提高经营效率以及生态保护等方面确实能够起到积极作用。但是，由于需要具备很强社区组织管理能力的领导者，培育牧民契约意识和引导牧民集体行动，这也直接决定草地经营制度创新成败的关键。陈秋红（2011）详细评析了内蒙古呼伦贝尔市一个资源禀赋和经济发展相对较差的嘎查，通过基层自发的、由社区主导的草地共管（共同放牧管理）实现牧业经济快速发展的同时改善草地状况。而资源禀赋和经济发展较好的嘎查由于管理缺失，出现逆行演替草地生产力、经济潜力和生态服务性能下降或丧失（张引弟等，2010）。青海省 2008 年创造性地提出将草地和牲畜折算入股，形成由集体统一经营、用工按劳取酬、收益按股分配的股份制合作经营模式，通过强化集体收益配置制度、社会救助以及社会保障等管理，极大地调动了农牧民生产积极性，并取得显著的经济效益、社会效益和生态效益[1]。

9.3.2　草地经营制度改革与生态保护

相比较草地经营制度对牧民生计（收入）稳定的高度关注，对草场生态保

---

[1]　案例来源：http：//www. qhagri. gov. cn/Html/2017_ 02_ 04/2_ 127341_ 2017_ 02_ 04_ 211096. html。

护的重视程度略显忽视。直至近几年，在中央政府和习近平主席的大力倡导下，尤其是"两山思想"与乡村振兴战略的落实，使针对农村经营制度的改革在稳定农牧民收入的同时，生态环境保护和治理逐渐被提上了重要日程。与传统农区发展不同的是，牧区传统畜牧业的发展对草地具有高度性的依赖。新疆和内蒙古等主要牧区，一方面尝试推进草地经营制度改革创新，探索传统畜牧业与现代化有效衔接的经营机制。另一方面在保障草原生态环境的基础上，丰富牧民草场利用方式，提高畜牧业经营效果，起到推动经济社会发展的目标。从实践来看，前者的探索相对成功，而后者的有效衔接机制仍有待进一步探索。

草地生态安全、牧民生计保障，是完善草地流转市场建设、实现畜牧业现代化发展的两块基石。如何针对畜牧业经营特征和相对落后的经济基础，健全草地流转市场，也是稳定牧区经济发展、落实乡村振兴战略的重要内容。从新疆、内蒙古和青海等牧区旗县基于草地股份合作的经营制度创新经验，在发展畜牧经济、保护草地生态环境起到一定作用。从具体实践看，草地股份化合作经营给予牧民的社会保障和草地生态的保护全由合作经济组织承担，弱化或忽视了牧民应当承担的责任。同样基于草地股份化合作的思路，也要把社会保障、生态保护的"股份化"概念落实到每个成员身上。

鉴于此，本书认同多数学者的观点，草地经营制度改革应坚持公有制为基础，兼顾市场效率，从产权制度、激励机制创新推动草原可持续发展（陈秋红，2011）。同时借鉴陕西董岭村"产权比例化"的土地市场化改革实践（李录堂，2014），提出牧民生计保障、草地生态保护的双重保障型的草地市场化流转的经营制度改革思路，推动有保障的草地市场化流转。即，强调流转双方的草地生态保护责任，既保障转出草地牧民的生计稳定，又保障转入方草地畜牧业长期规模化经营，进而实现畜牧业的可持续发展。

9.4 双重保障型草场市场流转机制框架构想

9.4.1 生计、生态与草场市场化流转的保障机制

鉴于土地制度改革经验，草场市场流转的改革要立足牧民权益（生计稳定），以市场为导向完善草场流转机制，避免草场流转改革可能出现的"地价剪

刀差"。根据对新疆和内蒙古的调研，绝大多数牧民均能够获得 2.5 元/亩·年的草畜平衡奖励，禁牧补贴 7.5 元/亩·年（内蒙古）、6.5 元/亩·年（新疆）以及 50 元/亩·年的水源涵养区禁牧补贴。此外牧民在畜牧经营收入的基础上，还能获得畜牧良种、牧草良种、生产资料综合补贴等多种补贴。但在国家大力推进生态保护建设的背景下，草场退化、牧区贫困的防患与治理进展仍不够理想，阻碍落实乡村振兴战略的快速推进。鉴于此，深入剖析牧区奖补政策与牧民生产、草场生态保护的有机衔接，探索新时期牧区乡村振兴战略的发展思路，提出双重保障型草场流转机制的改革框架（见图 9－1）。

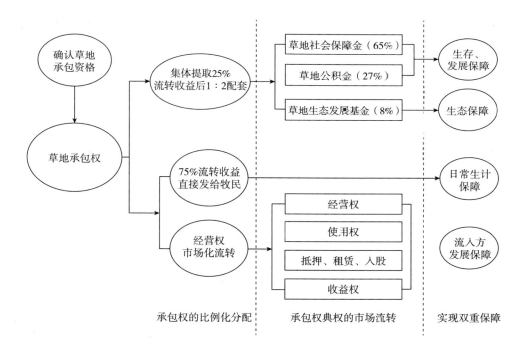

图 9－1　双重保障型草地市场流转机制框架

参照城镇居民个人缴纳的养老金、医疗保险金、失业保险金、生育保险金和住房公积金社会保障分别占收入的比重为 8%、2%、0.2%、0% 和 12%，个人缴纳合计为 22.2%，而社会配套缴纳的比重分别为 20%、10%、1%、0.8% 和 12%，合计 43.8%。同时考虑牧民较为薄弱的理财能力和意识，并依据城镇居民社会保障金缴纳体系，研究提出牧民缴纳流转收益的 25%，并由集体按 1:2 的比例配套资金建立社会保障金和草地生态基金，构建双重保障型草地经营权市场流转机制保障体系（见图 9 - 1）。集体提取和配套的资金建立草地社会保障金、草地公积金和草地生态基金（简称"三金"）。草地社会保障金用于牧民未来的生产、发展保障，具体参考成熟的城镇社会保障金制度进行设置。草地公积金是牧民草地转出后，可以提取草地公积金或以其贷款重新转入草地的资金保障。草地生态基金，是维护草原生态平衡、开展公益事业的资金来源，是牧民草地保护意识和责任的体现。草地流转收益的 75%，牧民自主决策用途，满足多样性的消费需求，如消费、储蓄或投资创业等。

与此同时，草地转入方获得稳定的草地经营权，从事草地生产经营活动，还能在限定期限之内抵押贷款。如遇转入方倒闭、破产，只要在流转剩余期限内的承包经营权仍可被债权方进行有偿流转，到期仍由牧民承包经营，有效规避了牧民草地流转的失地风险。但流转风险和压力转移到草地转入方的草地流转项目的经营和管理绩效上，因此一个优质、可持续的产业是草地市场化流转成败的关键。如果牧民既不流转草地，又想参与双重保障，也可以按照同样的比例自行缴纳"三金"，享受社会保障。

9.4.2 双重保障型草场市场化流转机制的尝试

9.4.2.1 最大程度接近竞争市场的草地流转供给

图 9 - 2 纵坐标表示草地流转价格 P，横坐标表示草地产权的限制强度 GP，S_0 代表完成竞争市场草地流转的供给曲线，与需求曲线 D 的交点 E 形成的均衡价格 P_0（黄祖辉等，2010）。草地国家所有，草地流转受到强限制，流转供给曲线近似于 S_1。图 9 - 2b 表示"两权分置"（GP_2）和双重保障型草地市场流转（GP_3）改革的草地供求市场模型。GP_2 情景下的草地流转限制较为宽松，供给曲线近似与 S_2。根据经济学的蛛网理论，S_2 与 D 的交点是均衡价格 P_2。GP_3 情景下草地近似自由流通，供给曲线 S_3 更接近完全竞争市场的供给曲线 S_0，形成的均衡价格 P_3 比 P_2、P_1 也更接近竞争市场的均衡价格 P_0。即，双重保障型草地流转更接近完全竞争市场的草地流转市场。

9.4.2.2 弱化土地所有权，丰富承包经营权内涵

"三权分置"是中国土地制度改革的主导趋势和国家战略政策设置，土地所有权被弱化，预示着草地所有权的变革，鼓励针对承包权、经营权的改革创新。双重保障型草地市场流转机制的核心是对承包经营权的创新，承包权是成员权具有排他性，也是货币化的对象和市场流转的标的。草地承包权经过货币化后，把牧民和草地经营权分离，建立的草地社会保障金、草地公积金和草地生态基金三

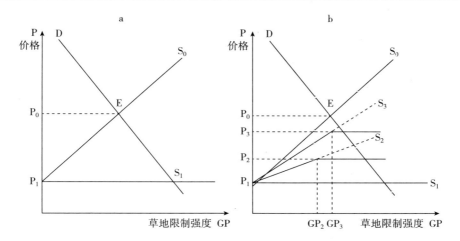

图 9 – 2　不同产权特征下草地流转供给市场

者之间也相互分离。牧民重新转入草地，可以利用草地公积金或以其抵押贷款转入的草地，不一定能够转入带有自己原始"印记"的草地，只是名义上收回同价的"草地承包经营权"。即改革思路只保留原有草地的概念，而无实际经度纬度之具体特征的草地，保障草地转入方可以长期稳定的经营流转的草地。

9.4.2.3　明确牧民、集体在社会保障、生态保护中的责任

双重保障型草地市场流转的本质，是建立草地流转的社会保障金和草地生态基金，从长期视角保障牧民的生存发展和草地的生态保护。集体按照2∶1给牧民配套的资金，建立"三金"。即：草地社会保障金主要考虑牧民可持续的生存发展需要；草地公积金作为牧民重新转入草地的资金保障，能给牧民提供资金重新转入草地；草地生态基金是出于草地生态脆弱性的考虑，建立专用于草地生态保护、公益事业发展的基金，确保经济发展与生态环境和谐共进。绞之以往的土地制度改革，这一改革更强调草地流转牧民可持续生计的质量和草地生态保护的公益性，一方面强化牧民在远期生存发展的自我保障应承担的责任，另一方面也强化集体在保障集体成员生存发展、维护社会稳定上已具有不可推却的职责。

9.4.2.4　产权界定成本低，实践操作简捷

产权经济学认为，只有对明确界定的权力才能施加有效的保护，继而提高经济绩效。双重保障型草地市场流转机制创新，是基于目前国家"三权分置"对土地的确权颁证，且流转标的是草地经营权，未产生新的确权成本，也符合国家政策要求。对于方案实践的操作性，对经济发达程度、地缘优势等没有硬性要

求，只要具备高效的管理技术和良好的产业支撑便可推行，普适性较强。双重保障型草地市场流转机制的核心思想和框架，如若能够得到权威论证和认可，不仅能运用与草地制度改革，稍加调整也可运用到宅基地、林地改革和自然景观开发、PPP 项目的资源配置实践，推动和谐社会建设，落实乡村振兴战略。

9.5　本章小结

本章从中国土地承包经营制度改革经验以及草原畜牧业、生态保护的要求，探析基于草场流转的生态减贫机制，提出优化草场管理的政策思路。①农地、宅基地的流转日益趋于多元化、市场化特征，对政府农地流转监管工作提出更高规范性的要求。尤其是在经济发达地区，由于快速的城市化进程对土地指标的需求，促使经济发达圈对土地流转制度的创新实践。②现行土地流转补偿时，大多数农民未获得土地潜在增值收益，且换取的社会保障与城镇居民保障仍存在差距，"地价剪刀差"现象明显。③双重保障型草地市场化流转机制，是基于草地产权制度改革（确权颁证）的创新。无论是草地产权制度改革还是土地制度改革，针对土地集体所有制的改革都应该慎重。本书在"三权分置"背景下，提出双重保障型草地市场化流转模式，在不改变草地所有权、草地承包关系的基础上，仅对草地承包权的创新改革能够实现草地的市场化流转。

第10章 研究结论及展望

大量实践表明，草场流转是优化牧区草场资源配置的重要方式，对推动现代畜牧业生产和草原生态保护具有重要意义。本书分别从收入视角、生态视角和牧民感知视角分析了草场流转的生态减贫效应，并从社会保障和生态保护方面提出改善生态减贫效应的改革思路。综合以上章节的分析，本章基于研究设计对各章节的研究内容，提炼出本书的主要研究结论，为优化牧区草场资源管理政策的制定，提出相关对策建议，以期提供有价值的参考资料。研究的最后，是对本书的总结和研究展望。

10.1 研究结论

10.1.1 土地（草地）承包经营制度改革趋于稳定

中国土地承包经营制度变迁整体趋于稳定，但针对不同生产类型、土地类型、气候因子以及生产组织形式、风俗习惯、农业产业结构等因素，仍需在具体实践中深化农村土地改革、提高农业生产效率，实现农牧业与生态环境的协调和可持续发展。中华人民共和国成立以来，不同时期的农村土地制度改革呈现出巨大差异，1949～1978年30年时间经历过四次重大改革，可见中国农村土地问题的复杂性。2016年10月国务院《关于完善农村土地所有权承包权经营权分置办法的意见》提出土地所有权、承包权、经营权分置（简称"三权分置"）①。2017

---

① 资料来源：http://www.gov.cn/zhengce/2016-10/30/content_5126200.htm。

年 10 月党的十九大报告再次明确指出，巩固和完善农村基本经营制度，深化农村土地制度改革，坚持承包地"三权分置"制度，稳定土地承包关系长久不变，第二轮土地承包到期后再延长 30 年（李春艳、徐刚，2019），至此，中国土地制度基本趋于稳定。

与此同时，草原承包经营制度也基本稳定。自 20 世纪 80 年代中后期，草原牧区实施草畜双承包后，草场细碎化问题日益突出，并对畜牧业生产造成了巨大影响。对此，部分牧民选择转出草场进城务工或转业寻找替代生计。而转入草场的牧民，随着草场面积的扩大，草原畜牧业经营效益得到改善。部分牧区基层为破解草场细碎化问题，以草场流转为纽带开展农村集体产权股份合作制改革。如内蒙古阿荣旗按照资源定权、资产定股、经营定向、农民定心的"四定"模式，建立土地承包管理信息平台，推动草场市场化流转。针对目前的发展形势，如何规范草场流转市场，优化草场资源配置，是深化牧区草场经营制度改革的重要方面，也是落实牧区乡村振兴战略的关键之一。

10.1.2　草场流转关乎牧民生计转型，流转决策存在差异

草场流转关乎牧民生计安全，牧民草场流转行为（转出或转入）差异明显。基于新疆和内蒙古牧民的问卷调研数据，利用 Binary Logit 模型分析游牧变迁、分化程度对牧民草场转出意愿的影响机制。研究表明：游牧变迁对牧民草场转出意愿有显著负向影响；牧民分化程度对牧民草场转出意愿有显著负向影响；控制变量性别、年龄和家庭背景等对牧民草场转出意愿有显著的正向影响；畜牧资产、牲畜数量和健康程度对牧民草场转出意愿有显著的负向影响。

从社会保障和社会信任对牧民草场流转及生态保护行为的分析显示，社会保险感知、社会照顾感知对牧民参与减少牲畜、流转草场的意愿有显著正向影响，对牧民参与延长圈养的意愿有显著负向影响；制度信任对牧民参与减少牲畜、流转草场、延长圈养的意愿有显著正向影响，人际信任对参与减少牲畜、流转草场意愿有正向影响，但对延长圈养的影响不显著。相对于牧民选择延长圈养，社会保险感知对牧民参与减少牲畜具有显著正向影响，社会保险感知、社会照顾感知对牧民参与流转草场有显著正向影响；人际信任和制度信任对牧民参与减少牲畜具有显著正向影响，人际信任对牧民参与流转草场有显著正向影响。

10.1.3　牧民草场流转对生态减贫的收入效应影响显著

牧民草场流转对生态减贫影响的直接收入效应显著。整体而言，草场流转有

助于提高牧民家庭总收入，草场转出对牧民家庭收入结构的影响高于草场转入的影响；PSM 估计结果显示，转入草场组牧业收入的平均处理效应高于总收入、非牧业收入的平均处理效应；转出草场组非牧业收入的平均处理效应显著高于总收入，牧业收入的平均处理效应为负，但未通过显著性检验；分位数回归说明，草场转出在低分位数上对总收入有显著正向影响，在高分位数上的影响不显著，同时对牧业收入在高分位数上的影响不显著，对非牧业收入的正向影响由高分位数到低分位数依次增加；草场转入在中分位数以上的总收入、牧业收入和非牧业收入均表现出正向显著影响；户主的知识有效性、劳动有效性以及家庭是否有干部、草场规模、牧业依赖度、生产资本对牧民家庭收入结构的影响也呈现出巨大差异。

10.1.4 牧民草场流转对生态减贫的生态效应影响滞后

牧民草场流转对生态减贫影响的生态效应存在滞后性。草场退化调节下，基于草场压力在草场流转对牧民家庭收入影响的中介效应变化的实证分析显示，草场流转确实有助于提高牧民收入，但同时可能降低草场载畜率、增加草场放牧压力。而机理分析与文献梳理显示，草场流转在改善草场生态、提高牧民收入起到了积极作用。理论分析与实证估计的差异表明，草场压力在草场流转对牧民家庭收入的影响路径中，短期内草场退化的调节作用有限。进一步研究认为，草场流转后的畜牧业经营转型升级滞后，使草场生态改善对提高牧民收入的效应被遮掩。访谈调研发现亲缘、地缘或政策引导是草场流转的主要渠道，因而面临流转草场生态退化时，草场转出主体碍于情面或法律意识薄弱难以追责、处罚，即便有合同的情况下亦是如此，因而呈现出草场退化可能增加收入的现象。

10.1.5 牧民不同流转类型的生态减贫效应的感知存在差异

牧民不同草场流转类型对生态减贫效应的感知表现出差异。本书重点讨论了未参与草场流转、草场转出和草场转入 3 种流转类型牧民对生态减贫效应的感知评价。从牧民个体特征、家庭特征、生产特征和草场流向等因素，分析了牧民生态减贫效应的影响机理。研究发现，未参与草场流转牧民的生态减贫效应感知高于参与草场流转的牧民，而参与草场转入与转出牧民的生态减贫效应差异微小。草场转入牧民通过增加草场面积提高养殖规模，提高家庭收入。同时，实现机械生产力或劳动力禀赋与草场规模的有效匹配，也有助于增加收入、缓解草场生态压力。此外，牧户知识有效性、牧业依赖度、养殖规模、生产资本均对生态减贫效应有显著正向影响，劳动有效性只对收入增加效应有显著正向影响，流转价格对生态减贫效应产生了显著的负向影响。

10.2　政策建议

10.2.1　健全牧民社会保障体系、弘扬牧区优良传统文化

伴随我国草原家庭承包经营制度的改革，在提高畜牧生产的同时，也带来一些负面影响，如草场细碎化、超载过牧造成草场承载力和生态环境不同程度的退化。因此，牧民为维持生计，开始选择转出草场，进城寻找替代生计。而草场流转则有利于草场资源的二次配置，对调节牧区畜牧业发展、草原生态保护以及提高牧民收入均有重要意义。调研分析发现，由于牧民社会保障体系缺失或不健全，增加了牧民草场转出后的生计担忧，如遇大病、自然灾害则对家庭带来巨大影响。因此建议，在牧区现有社会保障体系的基础上，逐步完善和提升、实现同城镇居民实际享有的社会保障，如稳定牧民基本医疗、养老保障，加强牧区教育投入。尤其是中年牧民生产技术的专项培训以及为其子女提供均等的教育机会，对牧民发展可持续生计的具有重要意义。配合加强对牧民的政策宣传，提高牧民家庭对社会保障体系的认知程度，鼓励牧民积极参与。同时，可以尝试通过对牧区初中生、高中生的社会保障政策宣贯，再由其转述给其父母，间接也能提升"大龄"牧民社会保障参与率。

传统游牧是牧民从事畜牧生产的主要方式，并在牧区部落之间形成相对稳定社会关系，能够保障牧民抵御异常气候、深化畜牧生产合作，进而培育社区文化。近年来，国家西部开发战略、退耕还草、生态奖补以及牧民定居等工程，导致牧民出现显著的分化现象，优良传统文化出现不同程度弱化。发展牧区经济，兼顾游牧文化遗产保护。传统牧区部落的由生产协作建立的内部信任机制，对牧民草场生态保护具有显著影响。调研发现，牧区经济的发展导致传统生产协作向劳动雇佣转变，经济发展与游牧文化保护面临新考验。

10.2.2　提高生态补偿力度，优化牧民创业环境

为进一步加强草原保护与建设，加快草原畜牧业生产经营方式转型升级，促

进牧民持续稳定增收，国务院联合多部门陆续实施生态奖补等政策，加强草原保护与建设。生产、生活、生态的有机结合，使牧民收入得到保障的同时，草原生态环境不断恢复。随着国民经济的快速发展，牧区的政策补贴也需要随之适应时代发展，延续草原畜牧业发展补贴政策，如通过草原生态奖补、退牧还草等政策给予牧民生态补偿，进而有利于缓解畜牧业发展的其他问题，如草场流转后的收入风险、畜牧业经营风险以及社会治安稳定等，最终实现牧区增绿、牧业增效、牧民增收。

此外，针对已禁牧牧民或无经营草场的牧民，如何转移置业是决定牧民长期生计稳定的关键。从牧区调研访谈感知，加大牧区教育投入是从根本上提高牧民综合素质、长期脱贫的重要途径。在义务教育的基础上，继续为少数民族子女提供均等的教育机会，保证牧民子女不因资金问题而辍学。同时加强对中年牧民生产技术的专项培训，知识有效性的提升有助于提升牧民生计能力。针对拟二次择业或创业牧民，尤其对"小成本型"的个体户或游走城市街道的"小贩"更需要宽松的创业环境，保障牧民生计发展，提高牧民城镇适应能力。提高草场流转效率的前提，是给予牧民更丰富的收入渠道、更稳定社会保障和更宽松的城市接纳环境。

10.2.3　健全流转市场监管体系，加大违法惩处力度

针对牧区调研发现，实践发现通过亲缘、地缘或政策推动是草场流转的主要渠道，因而面临流转草场生态退化时，草场转出主体碍于情面或法律意识薄弱难以追责、处罚，即便有合同的情况下亦是如此，便出现草场退化仍能增加收入的怪象。因此，建议规范草场流转市场管理，加大违法惩处力度。从强化草场流转合同管理入手，对合同内容、签订程序的规范有助于降低交易费用、稳定草场流转关系、提高流转效率，探索草场市场化流转是政府牧区管理亟待完善的方面。政府除依法规范、确认草场承包权的抵押制度外，也要在草场交易市场上对交易双方的身份、资格进行必要的审查，从源头控制不良、非法交易的发生。同时，针对已发现的违规、非法利用草场的主体，严格落实严厉处罚，并宣传告知其他牧民，引起草场流转主体的重视。

10.2.4　流转效率优先兼顾公平，严防贫富差距继续扩大

在后续草场流转管理政策的实施过程中，不能过度强调促进草场流转，需要重点关注转出草场的"小牧户"，并继续通过政府资金、技术帮扶以及优化创业

环境等方式，帮助低收入群体丰富收入来源渠道、提高家庭收入，缩小收入差距。具体而言，政府要引导牧民客观预测转出草场后拟选生计策略的收入状况，避免盲目草场流转。探索兼顾"小农户"生计长期稳定的草场承包经营实践，保障牧民财产、生活和草场生态安全的基础上提高草场流转效率，推进畜牧业的可持续发展。要不断完善草场流转市场监管，防范牧民草场流转过程中出现失地、生态退化、草场非牧利用等现象，并健全风险应对策略，避免牧民因管理不当而扩大牧民之间的收入差距。后续生计策略不当是草场流转主体陷入收入贫困的重要原因，亟须针对低收入和低文化水平的"大龄"牧民开展专业技术培训，并落实其子女的常规教育，提升牧民家庭生计能力，抓住一切能够改善生活状态的机遇，方能长期增收脱贫。

10.2.5 规范政府政策实施管理，提高农牧民制度信任

规范各级政府政策实施流程，树立政府公信力。规范政府政策实施管理，有利于提高牧民保障感知和社会信任水平，并提升草原生态政策的实施效果。通过不断完善基层组织政策操作的规范性、公平性，如草畜平衡监督、草场违法违规查处以及政策法规的宣传，有助于提高牧民保障感知与社会信任，对提高生态政策效果有重要意义。因此，建议政府主管部门规范和引导土地流转市场，在提高草场流转效率的同时，不能一味地强调把草场转向能人，也需要更多地思考如何兼顾小规模牧民长期生计稳定、共享社会发展福利。针对部分地区已经出现牧民失地、草场非牧利用以及收入差距拉大等现象，要警惕草场流转风险，从牧民社会保障和生态保护方面健全草场市场流转机制，增加牧民政策制度信任，进而提高政府威望，有效落实牧区管理政策。既有利于提高牧民草场流转参与率，又能促进草场生态保护，实现畜牧业与草原生态保护的协同发展。

10.2.6 创新畜牧经营方式，探索畜牧业与生态保护的衔接机制

草地承包权和承包经营权的典权抵押制度，是未来草地市场化流转的法律保障。中国制度改革普遍存在"实践先行，制度跟进"的改革路径，因此，这一改革的阻力，终将被逐步弱化。创新草原畜牧业经营方式、推动草场流转是实现草场资源有效配置和草原畜牧适度规模经营的两条路径。前者通过有效的社区管理完成草原畜牧业经营创新，如联户经营、合作经营等解决草原畜牧适度规模经营的问题。后者通过草场流转、剩余劳动力转出，实现草场资源的有效配置。为此基于草场流转，本书认为草地制度改革需要结合草地流转、草地奖补和牧区

脱贫等工作经验，构建牧民生存发展和草地生态保护的双重保障体系，牧民直接获得草地流转收益的 75%，用于保障日常生产、生活的支出。集体提取草地流转收益 25% 后按照 1:2 比例配套，建立牧民生计保障基金和草地生态保障基金。牧民生计保障基金包括牧民社会保障金和草地公积金，基本按照城市居民的社会福利体系设置，是牧民未来生存、发展的保障。

10.3　研究展望

　　本书以日益发展的草场流转市场为对象，深入分析牧民草场流转的参与机制以及草场流转的生态减贫路径。在此基础上，进而对牧民不同草场流转类型对其家庭收入影响、草原生态影响展开的详细论述，并基于牧民微观视角分析牧民草场流转的生态减贫效应感知状态，具有一定理论和实践意义。由于受到个人学术能力和精力的影响，本书仍存在一些不足之处，有待在日后的相关研究中不断完善和改进。

　　针对新疆和内蒙古的调研均由笔者实际执行，因此，相对较好地控制了问卷质量，但实证模型却未能全面论证影响机理的分析结论，进而引发几点思考。一是草原畜牧业经营的季节性特征明显，导致草场生态改善或退化对牧民收入的影响存在滞后性。书中所用牧民家庭收入的数据，是牧民根据牲畜数量与往期牲畜价格的估计得到家庭收入，草场流转通过改善草原生态提高收入的短期效果不显著。二是草场流转后的畜牧业经营转型升级滞后，草场生态改善对提高牧民收入的效应被遮掩。草原畜牧业经营的探索创新是破解草场资源匮乏、推进现代畜牧业发展的重要途径，实践表明草场流转仅是经营创新的第一步，流转草场仍坚持传统畜牧业养殖则对提高牧民收入和改善草场生态的作用有限，围绕饲养方式、畜产品加工、市场销售和经营组织的创新将有助于提升畜牧业发展潜力。

　　本书提出的双重保障型草场市场化流转思路虽具有一定的实践探索价值，诚然，也要正视在实践中可能遇到挑战：①政府或集体的参与意愿还难以确定。双重保障型草场市场流转机制是基于历史中牧民长期处于"剪刀差"现实下，从牧民远期和近期的生存、发展为出发点构建的，政府或集体需要配套一定比例的财政支持，其参与积极性对方案实践的成败起到关键作用。②草场有效交易市场的建设具有难度。草场流转供求信息的高效性与准确性，对草场市场流转意义重大。小户牧民很难实现草场大规模、高效率地聚集，因此需要建设一个高效、完备的草场交易平台极为关键。这也是目前土地流转很难有效形成一个稳定交易市场的原因之一。因此，需要加强信息共享、降低交易费用，来培育、完善的草场交易市场，实现资源优化配置的目的。③草地社会保障金、草地公积金及草地生态基金的缴纳比例需要深入论证。"三金"的缴纳比例本书只是提出一种简单设想，具体比例可以参考城镇居民社会保障制度并经权威论证进行调整，完善牧民社会保障金制度。牧区比农区更需要集体的智慧和力量统筹乡村振兴战略，尤其在保障牧民生计和草场生态保护上应更多体现"统"，在草场多种经营上更多体现"分"的思想，"统分"结合是落实牧区乡村振兴战略的有益尝试。

探索有效衔接草原畜牧业发展与生态保护的具体实践，将在日后相关研究展开专项探讨，如何构建草场流转与牧民生存、发展保障的机制研究，降低牧民失地风险、提高牧民收益稳定性实现草场流转可持续发展，是落实牧区振兴战略的突破口。

参考文献

［1］敖仁其．草原产权制度变迁与创新［J］．内蒙古社会科学，2003，24（4）：116－120．

［2］奥斯特罗姆．规则、博弈与公共池塘资源［M］．西安：陕西人民出版社，2011．

［3］鲍青青，唐善茂，王瑛．生态贫困初探［J］．资源与产业，2009（5）：111－114．

［4］北京大学国家发展研究院综合课题组，周其仁．还权赋能——成都土地制度改革探索的调查研究［J］．国际经济评论，2010（2）：54－92．

［5］蔡虹，李文军．不同产权制度下青藏高原地区草地资源使用的效率与公平性分析［J］．自然资源学报，2016，31（8）：1302－1309．

［6］蔡起华，朱玉春．社会信任、关系网络与农户参与农村公共产品供给［J］．中国农村经济，2015（7）：57－69．

［7］曹贯一．中国农业经济史［M］．北京：中国社会科学出版社，1989．

［8］曾详炎．略论农地国有永佃［J］．调研世界，2006（6）：34－36．

［9］柴军．新疆牧民生产决策行为与草地退化问题研究［D］．北京：中国农业科学院，2008．

［10］陈多长．中国生态脆弱地区国有农地产权制度改革［J］．中国农村经济，2007（8）：17－23．

［11］陈浩，王佳．社会资本能促进土地流转吗？［J］．中南财经政法大学学报，2016（1）：21－29．

［12］陈捷，呼和·那日松，卢春龙．社会信任与基层社区治理效应的因果机制［J］．社会，2011，31（6）：22－40．

［13］陈明，武小龙，刘祖云．权属意识、地方性知识与土地确权实践——

贵州省丘陵山区农村土地承包经营权确权的实证研究［J］．农业经济问题，2014，35（2）：65－74．

［14］陈明．土地冲突：公共权力失范与农民的权力建构［J］．中国农村观察，2016（3）：2－15．

［15］陈秋红．社区主导型草地共管模式：成效与机制——基于社会资本视角的分析［J］．中国农村经济，2011（5）：61－71．

［16］陈维肖，李春妍，彭宏杰，等．基于土地发展权的征地补偿价格研究［J］．地域研究与开发，2016，35（3）：119－122．

［17］陈晓芳．用途管制下的土地指标交易法律构造［J］．北京大学学报，2016，62（33）：141－148．

［18］崔宝玉，谢煜，徐英婷．土地征用的农户收入效应［J］．中国人口·资源与环境，2016，26（2）：111－118．

［19］D．盖尔·约翰逊．经济发展中的农业、农村、农民问题［M］．北京：商务印书馆，2004．

［20］代琴，杨红．草原承包经营制度功能间的矛盾与草原"三权分置"的法权构造［J］．中国农村观察，2019（1）：98－114．

［21］窦祥铭．新中国农村土地产权制度演进的历史、现状与走向［J］．江苏农业科学，2012，40（7）：1－4．

［22］杜明义，余忠淑．生态资本视角下的生态脆弱区生态贫困治理：以四川藏区为例［J］．理论月刊，2013（2）：176－179．

［23］段伟，马奔，秦青，等．基于生计资本的农户生态保护行为研究［J］．生态经济，2016，32（8）：180－185．

［24］额尔敦扎布．草原荒漠化的制度经济学思考［J］．内蒙古大学学报（人文社会科学版），2002，34（5）：8－12．

［25］丰雷，蒋妍，叶剑平．诱致性制度变迁还是强制性制度变迁？——中国农村土地调整的制度演进及地区差异研究［J］．经济研究，2013（6）：4－18．

［26］冯广京，朱道林等．2016年土地科学研究重点进展评述及2017年展望［J］．中国土地科学，2017，31（1）：3－20．

［27］盖志毅．草原产权与草原生态环境保护［J］．草原与草坪，2005（6）：12－16．

［28］高海燕．20世纪中国土地制度百年变迁的历史考察［J］．浙江大学学

报（人文社会科学版），2007，37（5）：124－133.

［29］高佳，李世平．产权认知、家庭特征与农户土地承包权退出意愿［J］．西北农林科技大学学报（社会科学版），2015，15（4）：71－78.

［30］高雷，张陆彪．草地产权制度变革与草地退化关联性分析——基于对新疆传统牧区的调查［J］．武汉科技大学学报（社会科学版），2012，14（6）：618－621.

［31］格日多杰．青海省黄南州草地流转情况调查［J］．草原与草坪，2010，30（2）：83－85.

［32］龚启圣，刘守英．农民对土地产权的意愿及其对新政策的反应［J］．中国农村观察，1998（2）：20－27.

［33］郭晓鸣．中国农村土地制度改革：需求、困境与发展态势［J］．中国农村经济，2011（4）：4－8.

［34］国务院农研中心实验区办公室，贵州省委农研室合编．产权流转规模［M］．贵阳：贵州人民出版社，1989.

［35］韩冰华．建立以土地产权货币化为基础的农村社会保障体系构想——中国农村社会保障资金积累方略［J］．农业现代化研究，2004，25（6）：434－437.

［36］韩枫．草场生态保护对牧民生活的影响研究［D］．北京：中国农业科学院，2016.

［37］韩俊．中国农村土地制度建设三题［J］．管理世界，1999（3）：184－195.

［38］韩长斌．我国草原生态环境恶化势头得到初步遏制［EB/OL］．ht-tp：//www.gov.cn/xinwen/2017－11/01/content_ 5236123.htm，2017－11－01.

［39］郝寿义，王家庭，张换兆．工业化、城市化与农村土地制度演进的国际考察——以日本为例［J］．上海经济研究，2007（1）：156－157.

［40］何·皮特．谁是中国土地的拥有者．第2版［M］．北京：社会科学文献出版社，2014.

［41］何可，张俊飚，张露，等．人际信任、制度信任与农民环境治理参与意愿——以农业废弃物资源化为例［J］．管理世界，2015（5）：75－88.

［42］何欣．制度视域下的草地资源利用和管理研究［D］．呼和浩特：内蒙古大学，2013.

［43］侯蓉，李鹏，王彦飞．2011年中国区域经济学研究热点综述［J］．兰

州商学院学报，2012（4）：73－82.

[44] 侯绍庄. 中国古代土地关系史 ［M］. 贵阳：贵州人民出版社，1997.

[45] 胡振通，孔德帅，焦金寿，靳乐山. 草场流转的生态环境效率——基于内蒙古甘肃两省份的实证研究 ［J］. 农业经济问题，2014，35（6）：90－97.

[46] 胡振通，孔德帅，靳乐山. 草原生态补偿：草畜平衡奖励标准的差别化和依据 ［J］. 中国人口·资源与环境，2015，25（11）：152－159.

[47] 胡振通，柳荻，靳乐山. 草原生态补偿：生态绩效、收入影响和政策满意度 ［J］. 中国人口·资源与环境，2016（1）：165－176.

[48] 黄宝连，黄祖辉，顾益康，等. 产权视角下中国当前农村土地制度创新的路径研究——以成都为例 ［J］. 经济学家，2012（3）：66－73.

[49] 黄少安，刘明宇. 农地产权冲突、经济绩效与土地制度创新差异化原则——《农村土地承包法》的法与经济学分析 ［J］. 财经问题研究，2008（4）：3－11.

[50] 黄延信，张海阳，李伟毅，等. 农村土地流转状况调查与思考 ［J］. 农业经济问题，2011，32（5）：4－9.

[51] 黄忠怀，邱佳敏. 政府干预土地集中流转 ［J］. 中国农村观察，2016，37（2）：34－44.

[52] 黄祖辉，王朋. 农村土地流转：现状、问题及对策——兼论土地流转对现代农业发展的影响 ［J］. 浙江大学学报（人文社会科学版），2008，38（2）：38－47.

[53] 黄祖辉. 我国土地制度与社会经济协调发展研究 ［M］. 北京：经济科学出版社，2010.

[54] 孔德帅，胡振通，焦金寿，靳乐山. 不同类型牧区后续产业发展模式研究——以甘肃省天祝县为例 ［J］. 农村经济，2014（6）：60－64.

[55] 匡远配，周凌. 财政分权、农地流转与农民工市民化 ［J］. 财政研究，2017（2）：64－72.

[56] 赖玉珮，李文军. 草场流转对干旱半干旱地区草原生态和牧民生计影响研究——以呼伦贝尔市新巴尔虎右旗 M 嘎查为例 ［J］. 资源科学，2012，34（6）：1039－1048.

[57] 雷玉琼，胡文期. 混合产权交易制度：公共池塘资源治理的有效路径 ［J］. 江西财经大学学报，2009（5）：17－21.

[58] 李春艳，徐刚. 新时代农村承包地改革管理的法律基石——农业农村

部政策与改革司副巡视员孙邦群解读《农村土地承包法》［J］. 农村经营管理，2019（2）：28 – 30.

［59］李惠梅，张安录，杨欣，等. 牧户响应三江源草地退化管理的行为选择机制研究——基于多分类的 Logistic 模型［J］. 资源科学，2013，35（7）：1510 – 1519.

［60］李继刚. 中国农地制度变迁：复归抑或常态——一个经济解释［J］. 经济地理，2010，30（4）：652 – 656.

［61］李景刚，高艳梅，臧俊梅. 农户风险意识对土地流转决策行为的影响［J］. 农业技术经济，2014（11）：21 – 30.

［62］李录堂. 实现农业企业化的条件：建立农地使用权市场和统一经营权市场［J］. 农业经济问题，1998（12）：30 – 33.

［63］李录堂. 双重保障型农地市场流转机制研究［M］. 西安：陕西人民出版社，2014.

［64］李鹏程. 土地制度创新、农民分化与农民增收［J］. 南方农村，2017，33（5）：23 – 26.

［65］李秋月. 气候变化及放牧对内蒙古草地的影响与适应对策［D］. 北京：中国农业大学，2015.

［66］李纾. 发展中的行为决策研究［J］. 心理科学进展，2006，14（4）：490 – 496.

［67］李仙娥，李倩，牛国欣. 构建集中连片特困区生态减贫的长效机制——以陕西省白河县为例［J］. 生态经济（中文版），2014，30（4）：115 – 118.

［68］李先东，李录堂，米巧，高松. 增收与生态保护：双重保障型草场市场化流转机制探析［J］. 生态经济，2019（9）：128 – 132.

［69］李先东，李录堂，米巧. 牧民草场流转的经济效益分析［J］. 农业技术经济，2019（11）：104 – 114.

［70］李先东，李录堂. 社会保障、社会信任与牧民草场生态保护［J］. 西北农林科技大学学报（社科版），2019（3）：132 – 141.

［71］李先东，米巧，李录堂. 中国土地制度的历史追溯与反思［J］. 农业经济问题，2018（4）：43 – 49.

［72］李先东. 新疆棉区农业社会化服务水平及制约因素分解［D］. 乌鲁木齐：新疆农业大学，2016.

［73］李显冬．溯本求源集：国土资源法律规范系统之民法思维［M］．北京：中国法制出版社，2012．

［74］李毅，罗建平，林宇静等．农村土地流转风险：表现、成因及其形成机理——基于浙江省 A 乡的分析［J］．中国农业资源与区划，2016，37（1）：120－130．

［75］李永刚．明朝"一条鞭法"刍议［J］．经济问题探索，2011（10）：21－23．

［76］埃莉诺·奥斯特罗姆，余逊达．公共事物的治理之道［M］．上海：上海译文出版社，2016．

［77］连雪君，毛雁冰，王红丽．细碎化土地产权、交易成本与农业生产——来自内蒙古中部平原地区乌村的经验调查［J］．中国人口·资源与环境，2014，24（4）：86－92．

［78］廖洪乐．我国农村土地集体所有制的稳定与完善［J］．管理世界，2007（11）：63－70．

［79］廖祖君．要素价格变化、技术进步与草地产权制度变迁［J］．农业经济问题，2009，30（4）：64－69．

［80］刘炳瑛．马克思主义原理辞典［M］．杭州：浙江人民出版社，1988．

［81］刘博，谭淑豪．社会资本与牧户草地租赁倾向［J］．干旱区资源与环境，2018（4）．

［82］刘承韪．产权与政治：中国农村土地制度变迁研究［M］．北京：法律出版社，2012．

［83］刘汉民．路径依赖理论研究综述［J］．经济学动态，2003（6）：65－69．

［84］刘和旺．诺思制度变迁的路径依赖理论新发展［J］．经济评论，2006（2）：64－68．

［85］刘旺洪，刘敏．永佃权制度与中国农村土地制度创新［J］．江苏社会科学，1998（6）：75－80．

［86］刘鑫渝．土地制度变迁视野下的哈萨克牧区社会——以新疆新源县为例［D］．长春：吉林大学，2011．

［87］刘雪芬，杨志海，王雅鹏．畜禽养殖户生态认知及行为决策研究——基于山东、安徽等6省养殖户的实地调研［J］．中国人口·资源与环境，2013，23（10）：169－176．

［88］刘玥，帅传敏，程欣，等．基于 DSR 模型的三峡库区贫困的时空演变分析——生态减贫视角［J］．经济地理，2017（7）：156－165.

［89］罗蓉．中国城市化进程中失地农民可持续生计问题研究［D］．成都：西南财经大学，2008.

［90］吕桂芬，赵吉，赵利，等．应用土壤酶活性评价草原石油污染的初步研究［J］．内蒙古大学学报（自然版），1997（5）：687－691.

［91］马奔，申津羽，丁慧敏，等．基于保护感知视角的保护区农户保护态度与行为研究［J］．资源科学，2016，38（11）：2137－2146.

［92］马梅，乔光华．制度变迁与草地退化的关联性分析——以锡林郭勒盟为例［J］．农业现代化研究，2015（5）：803－810.

［93］马倩．青海省草原使用权流转现状及对策［J］．青海畜牧兽医杂志，2003，33（4）：39－40.

［94］马贤磊，仇童伟，钱忠好．农地流转中的政府作用［J］．经济学家，2016，28（11）：83－89.

［95］梅哲，陈霄．城乡统筹背景下农村土地制度创新——对重庆农村土地制度改革的调查研究［J］．华中师范大学学报（人文社会科学版），2011，50（3）：18－26.

［96］穆怀中．国际社会保障制度教程［M］．北京：中国人民大学出版社，2009.

［97］North，Douglass Cecil，陈郁．经济史中的结构与变迁［M］．上海：三联书店上海分店，1991.

［98］聂建亮，钟涨宝．农户分化程度对农地流转行为及规模的影响［J］．资源科学，2014，36（4）：749－757.

［99］农村改革试验区办公室．内蒙古阿荣旗："四定"模式推进农村集体产权股份合作制改革［EB/OL］．（2017－05－05）．http：//www. moa. gov. cn/ztzl/ncggsyq/ggal/201705/t20170505_ 55952 71. htm.

［100］农业部：全国承包耕地流转比例已超过三分之一［EB/OL］．（2016－11－17）．http：//news. xinhuanet. com/politics/2016－11/17/c_ 1119933443. htm.

［101］钱文荣．浙北传统粮区农户土地流转意愿与行为的实证研究［J］．中国农村经济，2002（7）：64－68.

［102］钱忠好，冀县卿．中国农地流转现状及其政策改进［J］．管理世界，2016，32（2）：71－81.

[103] 秦晖．关于传统租佃制若干问题的商榷 [J]．中国农村观察，2007（3）：122-132.

[104] R·科斯，A·阿尔钦，D·诺斯．财产权利与制度变迁：产权学派与新制度学派译文集（新1版）[M]．上海：三联书店上海分店，1994.

[105] 任继周，侯扶江．草地资源管理的几项原则 [J]．草地学报，2004，12（4）：261-263.

[106] 任志强．土地一定会回到私有制的产权制度 [EB/OL]．http：//money. 163. com/12/1214/17/8IMUR7S200254SQK. html.

[107] 佘明龙，翁胜斌，李勇．农村土地制度创新的成本收益分析——以浙江省嘉兴市"两分两换"为例 [J]．农业经济问题，2013（3）：33-39.

[108] 史锦梅．保护草原生态创新草地资源产权管理模式研究 [J]．生态经济：学术版，2013（1）：99-103.

[109] 宋文飞，李国平，韩先锋．自然保护区生态保护与农民发展意向的冲突分析——基于陕西国家级自然保护区周边660户农民的调研数据 [J]．中国人口·资源与环境，2015，25（10）：139-149.

[110] 苏德永，许崇德．中华法学大辞典：宪法学卷 [M]．北京：中国检察出版社，1995.

[111] 苏海珍，刘学录，张明明．基于ISM模型的土地流转风险评价[J]．云南农业大学学报：自然科学版，2016，31（5）：930-936.

[112] 孙良．中国制度变迁理论研究述评 [J]．经济学动态，2002（2）：50-52.

[113] 谭仲春，谭淑豪．草地流转与牧户效率："能人"效应还是"资源平衡"效应？[J]．中国人口·资源与环境，2018（3）：76-85.

[114] 田国强．高级微观经济学（上册）[M]．北京：中国人民大学出版社，2016.

[115] 万国鼎．中国田制史 [M]．北京：商务印书馆，2011.

[116] 王海滨，韩雪莲．关于加快牧区经济发展促进牧民增收的调研报告．中国乡镇企业，2010.

[117] 王海春，高博，祁晓慧，等．草原生态保护补助奖励机制对牧户减畜行为影响的实证分析——基于内蒙古260户牧户的调查 [J]．农业经济问题，2017（12）：73-80.

[118] 王杰，句芳．内蒙古农村牧区农牧户土地流转影响因素研究——基于

11 个地区 1332 个农牧户的调查 ［J］．干旱区资源与环境，2015，29（6）：74 – 79.

［119］王炯．清代土地制度演进分析 ［D］．保定：河北农业大学，2011.

［120］王明利，王济民，谢双红．北方牧区牧民保护与建设草地的行为分析 ［J］．中国农村经济，2005（12）：53 – 60.

［121］王文长．西部资源开发与民族利益关系和谐建构研究 ［M］．北京：中央民族大学出版社，2010.

［122］王小映．土地股份合作制的经济学分析 ［J］．中国农村观察，2003（6）：31 – 39.

［123］王晓丽．界定草地产权遏制草地退化 ［J］．内蒙古农业大学学报（社会科学版），2004，6（1）：16 – 18.

［124］温欢智．阿坝州壤塘县上杜柯乡草场管理田野调查 ［J］．西藏民族大学学报（哲学社会科学版），2012，33（5）：88 – 92.

［125］文贯中．吾民无地 ［M］．台北：东方出版社，2014.

［126］乌兰．内蒙古经济社会发展概论 ［M］．呼和浩特：内蒙古人民出版社，2008.

［127］乌日陶克套胡．蒙古族游牧经济及其变迁 ［M］．北京：中央民族大学出版社，2006.

［128］乌云格日勒，王德霞，包翠华，等．内蒙古草原畜牧业生产现状、问题与可持续发展对策 ［J］．草原与草坪，2004（3）：13 – 15.

［129］吴易风．现代西方经济学与中国经济发展 ［M］．北京：中国经济出版社，2009.

［130］伍骏骞，齐秀琳，范丹等．宗族网络与农村土地经营权流转 ［J］．农业技术经济，2016，35（7）：29 – 38.

［131］夏淑芳，陈美球．承包地经营权流转中市场与政府的协同 ［J］．中国土地科学，2016，30（5）：29 – 35.

［132］向德平．包容性增长视角下中国扶贫政策的变迁与走向 ［J］．华中师范大学学报（人文社会科学版），2011，50（4）：1 – 8.

［133］肖屹，钱忠好，曲福田．农民土地产权认知与征地制度改革研究——基于江苏、江西两省 401 户农民的调查研究 ［J］．经济体制改革，2009（1）：81 – 86.

［134］修长柏．内蒙古农牧交错带农村发展路径研究：以和林格尔县为例

［M］．北京：中国农业出版社，2010，41－76．

［135］徐美银．制度模糊性下农村土地产权的变革［J］．华南农业大学学报（社会科学版），2017，16（1）：1－11．

［136］许恒周，郭玉燕，吴冠岑．农民分化对耕地利用效率的影响——基于农户调查数据的实证分析［J］．中国农村经济，2012（6）：31－39．

［137］许恒周，石淑芹．农民分化对农户农地流转意愿的影响研究［J］．中国人口·资源与环境，2012，22（9）：90－96．

［138］许志信，赵萌莉，韩国栋．内蒙古的生态环境退化及其防治对策［J］．中国草地，2000，45（5）：59－63．

［139］薛凤蕊，乔光华，侯安宏．农区与半农半牧区土地流转意愿比较分析——以内蒙古鄂尔多斯市为例［J］．农业技术经济，2010（2）：24－30．

［140］阳晓伟，庞磊，闭明雄．"反公地悲剧"问题研究进展［J］．经济学动态，2016（9）：101－114．

［141］杨春，朱增勇，韩振．草原生态保护补奖政策下牧户牧业生产决策行为影响分析——以山西和新疆为例［J］．干旱区资源与环境，2018（5）：27－32．

［142］杨际平．宋代"田制不立"、"不抑兼并"说驳议［J］．中国社会经济史研究，2006（2）：6－23．

［143］杨守玉，王厚俊．"三农"视角下的土地流转制度创新［J］．农业经济问题，2009（2）：73－76．

［144］姚洋．农地制度与农业绩效的实证研究［J］．中国农村观察，1998（6）：35－36．

［145］伊力奇，张裕凤，萨如拉．内蒙古西乌珠穆沁旗牧草地流转影响因素分析［J］．中国土地科学，2014（10）：20－24．

［146］于干千．唐代国家土地政策变迁与土地制度演进［M］．北京：经济科学出版社，2007．

［147］于中流，孙来源，于朝晖，等．中国草地产权制度初步研究［J］．中国草地学报，1996（4）：47－51．

［148］张白学．二十世纪末内蒙古生态环境遥感调查研究［M］．呼和浩特：内蒙古人民出版社，2001．

［149］张红宇．中国农地调整与使用权流转：几点评论［J］．管理世界，2002（5）：76－87．

[150] 张锦华，刘进，许庆．新型农村合作医疗制度，土地流转与农地滞留 [J]．管理世界，2016，32（1）：99－109．

[151] 张军，何寒熙．中国农村的公共产品供给：改革后的变迁 [J]．改革，1996（5）：50－57．

[152] 张立中．草原畜牧业适度规模经营问题研究 [J]．经济问题探索，2011（12）：51－56．

[153] 张美艳，张立中，韦敬楠，等．锡林郭勒盟草原流转驱动因素的实证研究 [J]．干旱区资源与环境，2017，31（3）：57－63．

[154] 张清．1861—1924 年俄国土地制度演进之法律社会学分析 [J]．金陵法律评论，2005（1）：67－80．

[155] 张清勇，刘道遥，藏波，丰雷．2016 年土地科学研究重点进展评述及2017 年展望——土地经济分报告 [J]．中国土地科学，2017，31（2）：87－96．

[156] 张守夫，张少停．"三权分置"下农村土地承包权制度改革的战略思考 [J]．农业经济问题，2017（2）：9－15．

[157] 张曙光．城市化背景下土地产权的实施和保护 [J]．管理世界，2007（12）：31－47．

[158] 张曙光．集体建设用地地权的实施和保护——兼及"小产权"房问题 [J]．中国社会科学辑刊，2009．

[159] 张伟豪等．与结构方程模型共舞：曙光初现 [M]．新北：前程文化事业有限公司，2012．

[160] 张文彬，华崇言，张跃胜．生态补偿、居民心理与生态保护——基于秦巴生态功能区调研数据研究 [J]．管理学刊，2018（2）：24－35．

[161] 张五常．中国的经济制度 [M]．北京：中信出版社，2009．

[162] 张小蒂．市场化进程中农村经济与生态环境的互动机理及对策研究 [M]．杭州：浙江大学出版社，2010．

[163] 张引弟，孟慧君，塔娜．牧区草地承包经营权流转及其对牧民生计的影响——以内蒙古草原牧区为例 [J]．草业科学，2010，27（5）：130－135．

[164] 张正河，张晓敏．生态约束下牧户草地规模经营研究 [J]．农业技术经济，2015（6）：82－90．

[165] 赵成章，龙瑞军，马永欢，等．草地产权制度对过度放牧的影响——以肃南县红石窝乡的调查为例 [J]．草业学报，2005，14（1）：1－5．

[166] 赵澍．草原产权制度变迁与效应研究——以内蒙古锡林郭勒盟为例

［D］．北京：中国农业科学院，2015.

［167］郑易生．新公共问题需要人类的新智慧［M］．北京：社会科学文献出版社，2010.

［168］郑易生．中国西部减贫与可持续发展［M］．北京：社会科学文献出版社，2008.

［169］中国大百科全书出版社农业卷编委会．《中国农业百科全书·农业经济卷》［M］．北京：农业出版社，1990.

［170］中国金融40人论坛课题组，蔡洪滨，李波，等．土地制度改革与新型城镇化［J］．新金融评论，2013（5）：114－125.

［171］钟怀宇．中国土地制度变革的历史与逻辑［M］．成都：西南财经大学出版社，2014.

［172］周建，施国庆，李菁怡．城市化与农村土地制度创新——对无锡市农村"双置换"政策的研究［J］．城市发展研究，2011，18（10）：19－24.

［173］周应堂，王思明．中国土地零碎化问题研究［J］．中国土地科学，2008，22（11）：63－67.

［174］朱立志，谷振宾．生态减贫：包容性发展视角下的路径选择［C］．2014中国可持续发展论坛．2014.

［175］邹宇春，敖丹．自雇者与受雇者的社会资本差异研究［J］．社会学研究，2011（5）：198－224.

［176］Agrawal A，Gibson C．Enchantment and Disenchantment：The Role of Community in Natural Resource Conservation［J］．World Development，1999，27（4）：629－649.

［177］Ajzen I．The Theory of Planned Behavior．［J］．British Journal of Social Psychology，1991，50（4）：179－211.

［178］Ajzen，I．From Intentions to Actions：A Theory of Planned Behavior．［J］．Heidelberg：Springer，1985，22（8）：11－39.

［179］Ajzen，I．Attitudes，Traits，and Actions：Dispositional Prediction of Behavior in Personality and Social Psychology［J］．Advances in Experimental Social Psychology，1987（22）：1－63.

［180］Allen V G，Batello C，Berretta E J，et al．An International Terminology for Grazing Lands and Grazing Animals［J］．Grass & Forage Science，2011，66（1）：2－28.

[181] Ashley C, Carney D, Ashley C, et al. Sustainable Livelihoods: Lessons from Early Experience. [J] . Department for International Development Uk, 1999 (2): 226 – 227.

[182] Bagchi S, Bhatnagar Y V, Ritchie M E. Comparing the Effects of Livestock and Native Herbivores on Plant Production and Vegetation Composition in the Trans – Himalayas [J] . Pastoralism Research Policy & Practice, 2012, 2 (1): 21 – 30.

[183] Bahareh B, Hossein B, Abedi S A, et al. Rangeland Degradation Assessment: A New Strategy Based on the Ecological Knowledge of Indigenous Pastoralists [J] . Solid Earth, 2016, 7 (2): 611 – 619.

[184] Banks T, Richard C, Zhao P Y. Community – Based Grassland Management in Western China: Rationale, Pilot Project Experience, and Policy Implications [J] . Mountain Research and Development, 2003, 23 (2): 132 – 140.

[185] Bauer K. Development and The Enclosure Movement in Pastoral Tibet Since the 1980s [J] . Nomadic Peoples, 2005, 9 (1/2): 53 – 81.

[186] Bedunah D J, Angerer J P. Rangeland Degradation, Poverty, and Conflict: How Can Rangeland Scientists Contribute to Effective Responses and Solutions? [J] . Rangeland Ecology & Management, 2012, 65 (6): 606 – 612.

[187] Bennett S, Gilson L. Health Financing: Designing and Implementing Pro – poor Policies. [J] . London, England, Department for International Development [DFID], Health Systems Resource Centre, 2001 (Z): 215 – 225.

[188] Bhagwat S A, Nogué S, Willis K J. Cultural Drivers of Reforestation in Tropical Forest Groves of the Western Ghats of India [J] . Forest Ecology & Management, 2014, 329 (329): 393 – 400.

[189] Breymeyer A I, Dyne G M V. Grasslands, Systems Analysis and Man. [J] . Geographical Journal, 1980, 148 (2): 256.

[190] Briones Alonso E, Cockx L, Swinnen J F M. Culture and Food Security [J] . Social Science Electronic Publishing, 2017 (2): 128 – 135.

[191] Chambers R, Conway G R. Sustainable Rural Livelihoods: Practical Concepts for the 21st Century [J] . Brighton, Institute of Development Studies, 1991 (2): 296.

[192] Chambers R. Poverty and Livelihoods: Whose Reality Counts? [M] // Milestones and Turning Points in Development Thinking. Palgrave Macmillan

UK, 2012.

[193] Chi V K, Rompaey A V, Govers G, et al. Land Transitions in Northwest Vietnam: An Integrated Analysis of Biophysical and Socio – Cultural Factors [J] . Human Ecology, 2013, 41 (1): 37 – 50.

[194] Development D F I. Sustainable Livelihoods Guidance Sheets. [J] . DFID. Sustainable livelihoods guidance sheets. Department for International Development, London, UK, 1999 (2): 15 – 25.

[195] Duan M, Zhang W, Gao Q, et al. Effects of Grazing by Large Herbivores on Plant Diversity and Productivity of Semi – arid Alpine Steppe on the Qinghai – Tibetan Plateau [J] . The Rangeland Journal, 2015 (37): 78 – 95.

[196] Galvin K A, Reid R S, Jr R H B et al. Fragmentation in Semi – Arid and Arid Landscapes Global Significance of Extensive Grazing Lands and Pastoral Societies: An Introduction [M] . Springer Netherlands, 2008.

[197] H. Garett, Tragedy of Commons. [J] . Science, 1968 (162): 1243 – 1248.

[198] Han J G, Zhang Y J, Wang C J, et al. Rangeland Degradation and Restoration Management in China [J] . The Rangeland Journal, 2008, 30 (2): 233.

[199] Harris R B, Samberg L H, Yeh E T, et al. Rangeland Responses to Pastoralists [J] . The Rangeland Journal, 2016 (12): 183 – 195.

[200] Harris R B. Rangeland Degradation on the Qinghai – Tibetan Plateau: A Review of the Evidence of Its Magnitude and Causes [J] . Journal of Arid Environments, 2010, 74 (1): 1 – 12.

[201] He C, Tian J, Gao B, et al. Differentiating Climate and Human – induced Drivers of Grassland Degradation in the Liao River Basin, China. [J] . Environmental Monitoring & Assessment, 2015, 187 (1): 41 – 99.

[202] Holden S, Shiferaw B, Pender J. Non – farm Income, Household Welfare and Sustainable Land Management in A Less – favoured Area in The Ethiopian Highlands [J] . Food Policy, 2004, 29 (4): 369 – 392.

[203] Homann S, Rischkowsky B, Steinbach J, et al. Towards Endogenous Livestock Development: Borana Pastoralists' Responses to Environmental and Institutional Changes [J] . Human Ecology, 2008, 36 (4): 503 – 520.

[204] Hussein K, Nelson J. Sustainable Livelihoods and Livelihood Diversifica-

tion [J]. Subsidy or Self, 2007 (1): 75 – 80.

[205] Karamidehkordi E. A Country Report: Challenges Facing Iranian Agriculture and Natural Resource Management in the Twenty – first Century [J]. Human Ecology, 2010, 38 (2): 295 – 303.

[206] Kohyani P T, Bossuyt B, Bonte D, et al. Grazing as A Management Tool in Dune Grasslands: Evidence of Soil and Scale Dependence of the Effect of Large Herbivores on Plant Diversity [J]. Biological Conservation, 2008, 141 (6): 16 – 94.

[207] Kotu B H. From Pasture Land to Farm Plots: Triggers and Motivations for Land Use Changes in Afar, Ethiopia [J]. General Information, 2009 (2): 30 – 40.

[208] Li S, Verburg P H, Lv S, et al. Spatial Analysis of the Driving Factors of Grassland Degradation Under Conditions of Climate Change and Intensive Use in Inner Mongolia, China [J]. Regional Environmental Change, 2012, 12 (3): 461 – 474.

[209] Mac Callum R. C. & Austin. T. Applications of Structural Equation Modeling in Psychological Research. [J]. Annual Review of Psychology, 2000 (51): 201 – 226.

[210] Norgaard R B. Coevolutionary Agricultural Development [J]. Economic Development and Cultural Change, 1984, 32 (3): 525 – 546.

[211] Rabbani M, Prakash VA, Sulaiman M. Impact assessment of CFPR/ TUP: a descriptive analysis based on 2002 – 2005 panel data. CFPR Working Paper.

[212] Rowntree B S, Hunter R. Poverty: A Study of Town Life [J]. Journal of Political Economy, 1902, 11 (1): 260 – 266.

[213] Sati V P, Vangchhia L. A Sustainable Livelihood Approach to Poverty Reduction [M]. Springer International Publishing, 2017.

[214] Sattout E. J., Talhouk S. N., Caligari P. D. Economic Value of Cedar Relics in Lebanon: An Application of Contingent Valuation Met Hood for Conservation. [J]. Ecological Economics, 2007, 61 (223): 315 – 322.

[215] Sauer U, Fischer A. Willingness to pay, Attitudes and Fundamental Values——On the Cognitive Context of Public Preferences for Diversity in Agricultural Landscapes [J]. Ecological Economics, 2011, 70 (1): 1 – 9.

[216] Scoones I. Sustainable Rural Livelihoods: A Framework for Analysis

[J]. Subsidy or Self, 1998 (72): 166 - 185.

[217] Selltiz C. , Wrightsman L. S. & Cook S. W. Research methods in social relations (3rd ed.) [D]. New York: Holt, Rinegart & Winston, 1976.

[218] Series no. BRAC and Aga Khan Foundation Canada, 2006 (12): 1 - 31.

[219] Sierra R. , Russman E. On the Efficiency of Environmental Service Payments: A Forest Conservation Assessment in the Osha Peninsula, Costa Rica. [J]. Ecological Economics, 2006, 59 (5): 131 - 141.

[220] Bo Liu, Guangyong You, Ku Li, wei shou shen. Spectral Characteristics of Alpine Grassland and Their Changes Responding to Grassland Degradation on the Tibetan Plateau [J]. Environmental Earth Sciences, 2015, 74 (3): 2115 - 2123.

[221] Squires V R. Processes in Rangeland Degradation, Rehabilitation and Recovery. [J]. Rangeland Degradation & Recovery in Chinas Pastoral Lands, 2009 (2): 78 - 88.

[222] Stefan V S. Measurement of the Bipolarization Events. [J]. Engineering and Technology, 2009 (57): 929 - 936.

[223] Tao W, Bao Y, Braeuning A, et al. Decadal - scale Precipitation Variations in Arid and Semiarid Zones of Northern China During the Last 500 Years [C] // Critical Transitions in Water and Environmental Resources Management. ASCE, 2004: 1 - 12.

[224] Thomas L. D. , Jules P. Case Study of Agri - environmental Payments. [J]. The United Kingdom Ecological Economics, 2008, 65 (4): 765 - 775.

[225] Thorpe J, Wolfe S A, Houston B. Potential Impacts of Climate Change on Grazing Capacity of Native Grasslands in the Canadian Prairies. [J]. Canadian Journal of Soil Science, 2008, 88 (4): 595 - 609.

[226] Wang R. , Zhang H. Characteristics and Measurements of Ecological Compensation in Ecosystem. [J]. Agricultural Science and Technology, 2008, 7 (4): 32 - 34.

[227] West N. E. Biodiversity of Rangeland. [J]. Journal of Range Management. 1993, 8 (2): 2 - 13.

[228] Wiesmair M, Feilhauer H, Magiera A, et al. Estimating Vegetation Cover from High - Resolution Satellite Data to Assess Grassland Degradation in the Georgian

Caucasus [J]. Mountain Research and Development, 2016, 36 (1): 56 – 65.

[229] World Bank. Two Pillars of the Banks Antipoverty Strategy [R]. The World Bank Annual Report. 2006.

[230] Yin R, Liu C, Zhao M, et al. The Implementation and Impacts of China's Largest Payment for Ecosystem Services Program as Revealed by Longitudinal Household data [J]. Land Use Policy (2014), 40: 45 – 55.

[231] Yu L, Farrell K N. Individualized Pastureland Use: Responses of Herders to Institutional Arrangements in Pastoral China [J]. Human Ecology, 2013, 41 (5): 759 – 771.

[232] Zbinden S, Lee D R. Paying for Environmental Services: An Analysis of Participation in Costa Rica's PSA Program [J]. World Development, 2005, 33 (2): 255 – 272.

[233] Zhou W, Gang C, Zhou L, et al. Dynamic of Grassland Vegetation Degradation and Its Quantitative Assessment in the Northwest China [J]. Acta Oecologica, 2014, 55 (2): 86 – 96.